JN066109

ダイエーの経営再建プロセス

Daiei's Business Restructuring Process

高橋義昭・森山一郎［著］

Takahashi Yoshiaki　*Moriyama Ichiro*

中央経済社

はじめに

㈱ダイエー（以下，ダイエー）は，1990年代までの日本の小売市場の発展をリードした企業である。創業は1957年。大阪・千林に１号店を開店し，当初は薬や化粧品の安売りを行った。その後，主要顧客である主婦たちの要望を聞きながら品揃えを拡大し，1970年代の半ばには，衣・食・住にわたる幅広い品揃えと低価格販売を特徴とする総合スーパーという小売業態を完成させた。

このダイエーの成長によって，日本に初めて売上高が１兆円を超えるような大規模小売企業が誕生した。プライベートブランド（以下，PB）と呼ばれる小売企業が主体となった商品開発も，ダイエーが先頭に立って進展させたものである。

ダイエーは，1972年に百貨店の三越を抜き，日本で売上高第１位の小売企業となった。そして，2001年にセブン-イレブンに抜かれるまで，30年近くもの間，日本の小売市場において売上高第１位の座にあったのである。

ダイエーは事業の多角化にも積極的で，1994年度には連結売上高３兆2,000億円超，関係会社数（連結・持分法適用会社の合計）150社以上という事業規模を誇っていた。当時は，日本で最大の小売関連企業集団だったのである。

ところが，ダイエーは，1997年度（1998年２月期）に単体・連結とも経常赤字に転落し，経営再建のプロセスに入る。しかし，自主再建は不調に終わり，2004年には産業再生機構による支援を受け入れる。すなわち，この時点で，ダイエーは事実上の経営破綻に至るのである。

その後，多くの関係者が再建に取り組んだものの成功せず，現在のダイエーは，イオングループにおいて食品スーパーを運営する一企業となっている。

なぜ，日本最大の小売企業がこのような状況に至ったのか。この点に関しては，主に２つの検討課題があげられよう。ひとつは，ダイエーはなぜ経営破綻に至ったのかであり，いまひとつは，ダイエーの経営再建はなぜ不調に終わったのか，である。

前者の課題については，1990年代の後半から経済誌等で多くの指摘が行われてきた。当時の論調は，既存店（総合スーパー）の不振，新業態であるハイパーマートの失敗（後述），事業多角化の不成功という３点にほぼ集約することができる。

また，ダイエーの経営破綻については，経営論の分野でも検討対象となった。なかでも有力と思われるのが，総合スーパーからの事業転換を図れなかったことが，ダイエーが経営破綻に至った要因だとする見方である（三品 2011，森田・杉之尾 2007）。

ダイエーの主力事業であった総合スーパーは，1990年代に入ると専門チェーンの成長などから苦境に陥った。そのとき，同様に総合スーパーを主力事業としていたイトーヨーカ堂（当時）やジャスコ（当時）は，コンビニエンス・ストア事業やショッピングセンター事業へと軸足を移したにもかかわらず，ダイエーはそれができなかったために経営破綻に至ったという指摘である。

有価証券報告書等によれば，イトーヨーカ堂とジャスコの２社は，1990年代以降，たしかに連結営業利益を大きく伸長させている。その内訳をみると，前者はコンビニエンス・ストア事業（セブン-イレブン）の，後者はショッピングセンター事業（イオンモール）とサービス事業（イオンクレジットサービス）の貢献が大きいことを確認することができる。

どの事業にもライフサイクルがあることを前提とすれば，事業転換の成否がこれら３社の盛衰を分けたという説明には説得力がある。しかし，ダイエーだけがなぜ事業転換を図ることができなかったのか。その点をよく見極めることが，ダイエーが経営破綻に至った要因を検討する際には必要であろう。

ダイエーが事業転換を図れなかった背景には，創業者である中内㓛の「流通革命論」の存在があることを忘れてはならないであろうし，ダイエーにはなかなかグループ企業が育たないという同社独特の事情があった。また，グループ事業や有利子負債が過度に拡大した背景には，社内ガバナンスの問題も存在した。

1990年代のダイエーは，地価の下落をはじめとする環境変化のなかで，これらの要因が相互に影響し合い，不可避的に経常赤字へと追い込まれていったように思われる。このような，構造的ともいえるダイエーの経営問題やその環境変化とのかかわりについては，「ダイエーの経営悪化プロセス」として，第1章において詳しく検討する。

一方，後者の課題，すなわちダイエーの経営再建が不調に終わった要因については，これまでほとんど検討されてこなかった。本書が特に重点を置くのはこの部分である。

ダイエーの経営再建プロセスは1998年に始まり，2013年にイオン傘下に入るまで，じつに16年間にもわたるものであった。この16年間で，ダイエーの有利子負債はピーク時の50分の1にまで圧縮されたが，店舗数はほぼ半減し，売上高は4分の1の規模に縮小した。まさに事業縮小の歴史といえるが，そのようなプロセスを経ても，小売企業としてのダイエーの業績は回復しなかったのである。

このようなダイエーの経営再建プロセスについては，許斐（2005）が，2004年にダイエーが産業再生機構の支援を要請するまでを対象とした検討を行っている。

それによれば，ダイエーの経営再建には，⑴銀行主導での再建プロセスにおける縮小均衡路線，(2)その結果としての事業再建の不調，(3)ローソンの外部売却，(4)抜本的再建につながらない私的整理の限界等の課題があったとされている。

銀行主導下での経営再建がどのようなものであったか，事業再建や財務再建の状況がどうだったのか，ローソンをはじめとする事業・資産売却の効果はどのようなものであったのか，これらはいずれも本書における重要な検討課題である。本書では，第3章以降において，ダイエーがイオン傘下に入るまでの経営再建プロセスの全体を改めて検討し，ダイエーの再建を阻んだ要因を明らかにするとともに，今後の企業再建に関する示唆を得ることを課題としている。

ダイエーの事例は，大規模小売企業ならびに事業多角化を図った企業の経営再建事例である。したがって，ダイエーの事例研究からは，主にこれらに関する示唆を得ることが期待される。

なお，本書における「経営再建」とは，財務再建と事業再建の双方を通じて企業としての成長力と経営の独自性が回復した状態を指している（許斐 2005）。このような考え方に基づき，本書では，財務再建は果たされたものの事業再建が果たされなかったという意味で，ダイエーの経営再建は「不調」に終わったとみなしている。

また，ダイエーの経営再建は，現在もイオングループにおいて継続中だが，本書において検討対象としたのは，ダイエーによる自主再建の開始（1998年度）から，ダイエーがイオン傘下入りするまで（2013年度）であることを付記しておく。

ここで，改めて本書の構成を示しておこう。

第1章では，本書の前段部分として，1990年代の状況を中心に，ダイエーの経営問題について検討する。ダイエーの経営方式が，1990年代以降の環境変化に対して脆弱性を持っていたことが理解できるものと思われる。

次いで，本書の中心課題である1997年度以降のダイエーの経営再建プロセスを詳しく記述する。第２章では，ダイエーによる自主再建から産業再生機構の活用に至るまでを取り上げ，第３章では，産業再生機構及び丸紅・イオン主導での経営再建を経て，ダイエーがイオン傘下に入るまでのプロセスを取り上げる。

第４章以降は，分析編である。第４章では，ダイエーの経営再建プロセスをいくつかの営業・財務指標から評価するとともに，その再建を阻んだ要因を整理する。そして終章では，ダイエーの経営再建事例から得られる示唆についてまとめていく。

以上が本書の構成である。

「はじめに」と「あとがき」は共著者のうち森山一郎が記述したが，「１章～終章」については，実際にダイエー取締役として同社の経営再建に取り組んだ高橋義昭（2004～2010年まで取締役，2005年３月～５月は代表取締役社長代行）が自らの体験や保有する記録，資料等に基づき下原稿を作成し，元ダイエー幹部らへのヒヤリング調査や新聞・雑誌等の記述も加味したうえで，それを森山が再整理・再記述するという方法を採用した。ヒヤリング調査の対象者は，ダイエーの経営企画，財務，経理，店舗開発等の担当役員・部長経験者約10名である。

以上のような背景から，本書の「１章～終章」については執筆分担を明記することは難しく，著者２名の共同執筆によるものと理解頂きたい。したがって，可能な限り正確な記述を心がけたものの，本書における記述に誤謬等があるとすれば，著者２名の共同責任によるものである。

なお，巻末には，付属資料として1988年度から2013年度までのダイエーの業績推移とダイエーの経営再建関連年表を添付した。

目　次

第1章
ダイエーの経営悪化プロセス

ダイエーは，1994年の3月にグループ企業の忠実屋，ユニードダイエー（九州），ダイナハ（沖縄）を合併し（以下，4社合併），単体で2兆5,000億円超，連結で3兆2,000億円超という売上高を記録する。しかし，3年後の1997年度（1998年2月期）には，単体・連結とも経常赤字に転落する。すなわち，この時点で総合スーパー事業を展開するダイエー本体（単体）としても，多様な生活関連事業を展開するグループ企業全体（連結）としても，利益を生みだせない状況となったのである。ダイエーは抜本的な経営再建が待ったなしの状況に追い込まれた。

なぜ，ダイエーはそのような事態に立ち至ったのか。1990年代の同社の状況に焦点をあて，そのストーリーを明らかにすることが本章の課題である。

まず，ダイエーの経営状況（単体・連結）の推移をみておこう。ダイエーは，グループ企業の不振から1982年度に初の連結最終赤字に転落するが，その後の業績改善活動（業績をV字回復させたことから「V革」と呼ばれる）により，1985年度から業績を回復させる。

図表1-1，1-2は，その1985年度から初の連結経常赤字を計上する1997年度までの売上高及び経常利益の推移を示したものである。

[図表1-1] ダイエーの売上高の推移[1]
(単体・連結, 単位:億円)

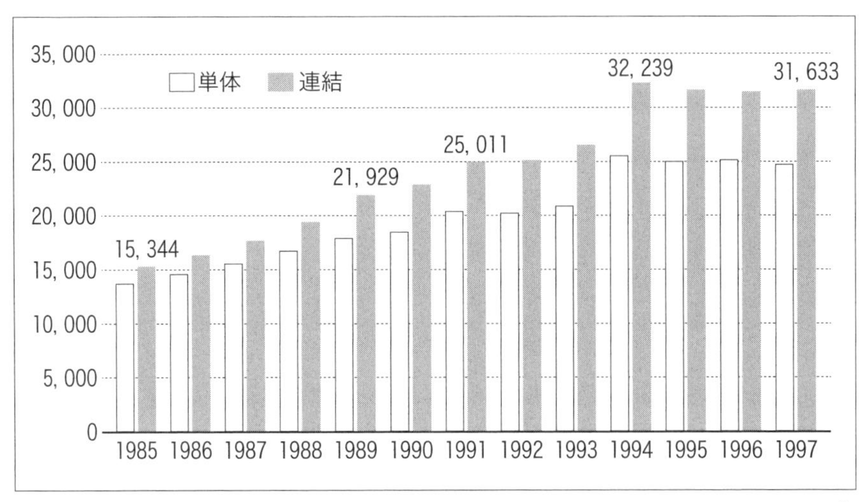

(出所:ダイエー財務データ[2])

売上高(連結)は, 積極的なグループ拡大によって1985年度の1.5兆円から1991年度には2.5兆円まで拡大した。そして, 1994年度には, 4社合併によって一気に3兆円を超える。しかし, それ以降は, 阪神・淡路大震災の影響等により伸び悩む。

一方, 経常利益(率)は, 1990年代に入ると低下しはじめ, 4社合併を行い, 阪神・淡路大震災に見舞われた1994年度[3]からの早期回復を経て, その後再び急低下する。その結果が, 1997年度における初の単体・連結経常赤字であり(単体−258億円, 連結−98億円), 過大な有利子負債とも相まって, その時点でダイエーは, 抜本的な経営再建が求められる状況となったのである。

本章では, ダイエーがそのような事態に立ち至った要因を4つの観点からとらえている。すなわち, ①使命としてのディスカウント志向, ②本業である総合スーパーの不振, ③グループ事業の不振と過剰債務, ④環境変

［図表1-2］ダイエーの経常利益の推移
（単体・連結，単位：億円，％）

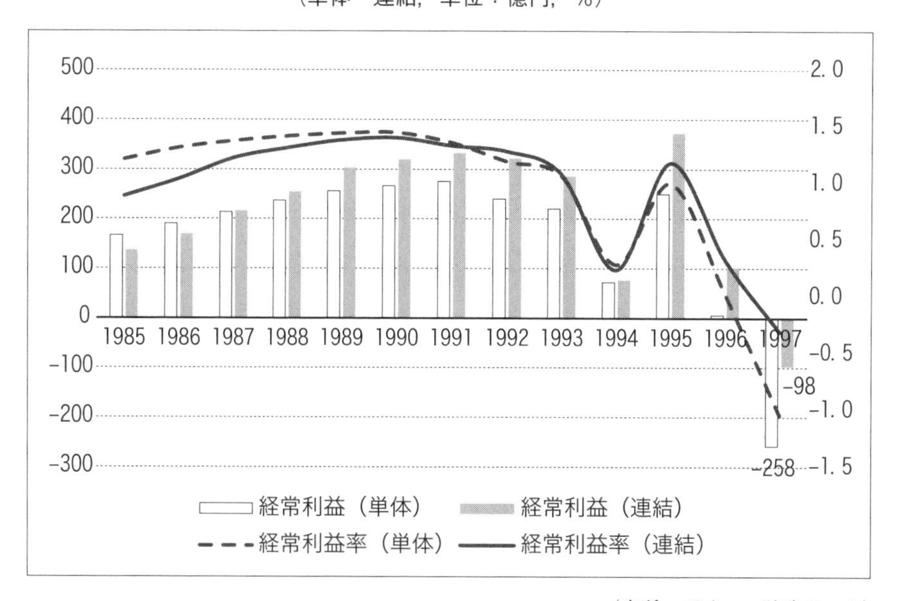

（出所：ダイエー財務データ）

化と負のスパイラル，これらの4点である（**図表1-3**）。以下，これらの観点ごとに，ダイエーの経営悪化プロセスを追っていこう。

［図表1－3］ ダイエー経営悪化の構図

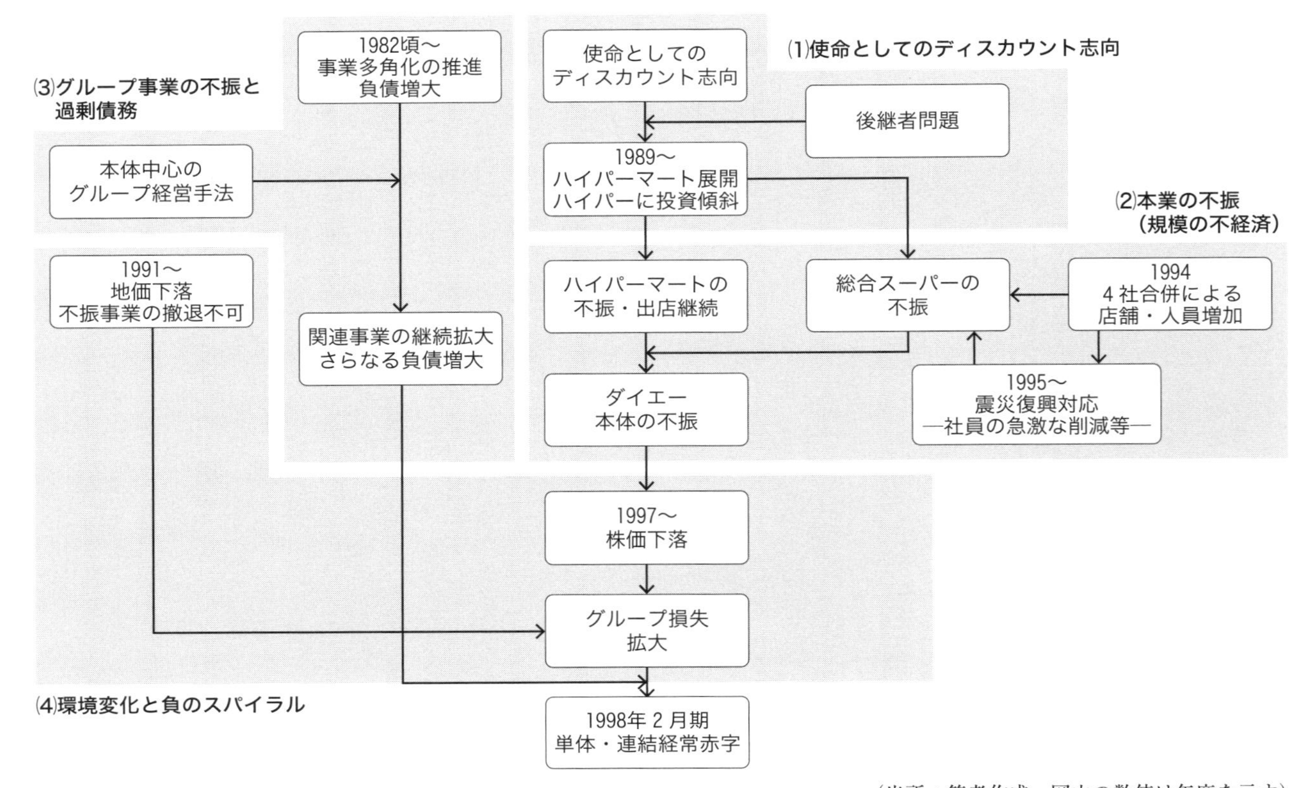

（出所：筆者作成，図中の数値は年度を示す）

1　使命としてのディスカウント志向

ダイエーは，もともとディスカウント商法によって成長した企業である。1957年の創業以来，生活必需品を他の小売店よりも低価格で販売し，消費者からの圧倒的な支持を得た。その成長スピードは目覚しく，創業から15年を経た1972年には，百貨店の三越を抜き小売業界で売上高第１位の地位を占めるまでになる（1972年度の同社の売上高は3,052億円，店舗数90[4]）。

ダイエーは総合スーパーという小売業態を開発したが，それは1960年代における品揃えの総合化（衣・食・住関連商品の総合的な取り扱い），1960年代後半から1970年代にかけてのショッピングセンター化（専門店テナントの導入，駐車場の併設），大衆百貨店化（品揃え・サービスの格上げ）等のプロセスを通じて，わが国に定着していった[5]。

しかし，1970年代の後半になると，高度経済成長の終焉とともにその成長率は鈍化し，売上高が前年を割り込む店舗が増加する。これに大規模小売店舗法（当時）に伴う厳しい出店規制が重なり，1980年代に入ると「スーパー冬の時代」[6]と呼ばれるような厳しい状態となった。

それまで同社の成長を牽引した総合スーパー業態の業績悪化を受け，ダイエーが1990年代以降の成長を託したのも，やはりディスカウント商法であった。

ダイエーは，1989年１月に行われた「基本方針発表会」において，EDLP（Every Day Low Price）を基本方針とし，業態戦略でもディスカウント・ストアとコンビニエンス・ストアを主力とすることを発表した。このような方針が発表された背景には，同年４月からの消費税の新規導入（３％）に伴い，今後の成長戦略を描くうえで「よい品をどんどん安く」という創業の精神が改めて強く意識されたことがあった。

ダイエーにおけるこのようなディスカウント志向は，そもそもはダイエーの創業時に，商売を成功させるコツとして実感されたものである。「理屈ではなくて，お客さんが買いたい物を，いままでの値段から3割以上引いて売れば，いくらでも売れるということはよくわかりました」[7]という中内㓛のコメントが残っている。

このようなダイエーのディスカウント商法は，その後大手メーカーとの軋轢を生み，花王石鹼や松下電器（いずれも当時）などから商品の出荷停止を受けることになる。

ダイエーが製造業者との軋轢を生んだのは，中内の標榜する「流通革命論」の影響が大きかった。「流通革命論」とは，中内が総合スーパーを多店舗展開するなかで拠りどころとした理念である。そこでは，小売業者が大規模化し，大量仕入を行うことによって製造業者から価格決定権を奪取でき，その結果として低価格な商品を消費者に提供することができるという論理が展開されていた（中内 1969）。

このような論理のもとに，中内は製造業者への対抗力を形成すべく積極的な多店舗化を進め，消費者主権の旗印のもとに，商品の販売価格に関して多くの製造業者との軋轢を引き起こしてきたのである。

ダイエーのディスカウント志向は根強く，物価が高騰した1972年には，生活必需品306品目を1年間にわたって“価格凍結”するという「物価値上がり阻止運動」を展開するなど，生活に必要な商品を安く提供するという同社の姿勢は社会的にも注目を集めることになった[8]。

このようなダイエーのディスカウント志向が，1980年代における多角的なグループ事業の拡大を経て，原点回帰として改めて顕在化したのが1989年1月の基本方針発表会だったのである。その時点では，北海道ダイエー（当時は別会社）においてハイパーマートを展開することがすでに決定されており，同年11月には，ハイパーマート第1号店である釧路店が開店する。その後，ダイエーではハイパーマートを中心とした出店政策が取られていくのである。

1990年代にダイエーが主力業態と位置付けたハイパーマートは，以下のような特徴をもち，粗利益率17%，販管費率15%を前提とした小売業態であった。

【コンセプト】

ローコスト・オペレーションにより，生活必需品をEDLPにて販売する店舗

【施設面の特徴】

- ◆幹線道路沿いなど郊外に立地
- ◆１フロアもしくは２フロア構造
- ◆売場面積は3,000坪を基準とし，屋上または隣接地に広大な駐車場を設置
- ◆ショッピングカートを乗せられるオートスロープ・エスカレーターを使用

【運営面の特徴】

- ◆まとめ買い顧客をターゲットとする
- ◆ワンウェイ・コントロール，集中チェックアウトを原則
- ◆セルフサービスの徹底
- ◆大量簡易陳列

このような特徴をもったハイパーマートを継続的に出店しながら，1992年からは米国ウォルマートのSam's ClubをモデルとしたKou'sホールセールメンバーシップクラブ（倉庫型の会員制ディスカウント・ストア，以下Kou's）も展開し，ダイエーのディスカウント志向は一段と強化されてい

った（**写真 1－1**）。

さらに，1990年代からは，日本の物価の相対的な高さをやり玉にあげ，新聞紙上等において内外価格差に関する中内の積極的な発言がみられるようになる[9]。例えば，主要な食品において，日本の店頭価格は米国に比べて1.83倍，食品・日用品の合計では1.44倍もの高さになるといった指摘である。

中内は，1990年に経済団体連合会（当時）の副会長に就任し，1993年には勲一等瑞宝章を流通業界出身者として初めて受章する。このような業界内の立場が，「流通革命論」と相まって，物価問題や規制問題に積極的な発言を行うようになった背景にあったと思われる。

その後，ダイエーは，1994年度の４社合併を経て，新たに「50-10-3」というスローガンを掲げることになる。４社合併によって得たスケールメリット（規模の経済性）を生かし，日本の物価を２分の１（50％）に引き下げ，単品の販売シェアを10％に高め，その結果として３％の経常利益率を確保するという主旨であった。

このように，当時小売業界のリーディングカンパニーであったダイエーは，1990年代に入ると「使命としてのディスカウント志向」を再確認し，それを実現するための戦略業態としてハイパーマートを位置付けた。また，商品面では「ローコスト・マスマーチャンダイジング・システム」を掲げ，PB商品や開発輸入商品（仕様書に基づき海外に商品の加工・生産を委託するもの）の拡大が図られたのである。

一方，ハイパーマートの展開には，いまひとつの思惑があった。同社の後継者問題である。中内㓛社長の長男である中内潤は1980年にダイエーに入社したが，1983年からのいわゆる「Ｖ革」後に頭角を現し，1986年の専務取締役就任を経て，1989年１月からは同社の代表取締役副社長に就任していた。

［写真1－1］Kou's神戸ハーバーランド店開店時のフライヤー

●いつでも、より「卸売価格」に近いプライスで、お買物できる

新しいスタイルのクラブ、Kou'S(コウズ)。あなたのご入会、お待ちしています。

安さを誇る、Kou'S3つの特長

特長 1　「卸売価格」に近い、驚きのプライス。

Kou'Sがお届けする商品は、すべて、いつでも、より、「卸売価格」に近いプライス。包装をしない、設備にお金をかけない、広告はしないなど、あらゆる経費を削減し、あらゆるムダを省いて生まれた新しいスタイルの店舗だから、この価格が実現できました。

特長 2　年会費3,000円。あなたの1年間が変わります。

驚きの価格で提供できるのは、クラブ会員になられた方だけ。入会金無料、年会費3,000円とカード発行手数料500円を募集受付窓口でお支払いいただきます。一度ご入会いただくと、1年間、Kou'S価格をご利用いただけます。

特長 3　会員様ご本人の他に3名様までご入店いただけます。

入店は、会員様のほかに3名様まで同伴可能。というのも、Kou'Sでは、毎日の生活に必要な商品を多くご用意していますから、クラブ会員プラスお友達など4家族分まとめてお安くお買物していただけるのです。

1階
●ゴルフ用品●テニス用品
●トレーニングウェア
●スポーツシューズ●ドレスシャツ
●カジュアルウェア●ジーンズ
●ネクタイ●ベルト
●時計●バッグ●宝飾・貴金属
●シューズ●肌着・くつ下●化粧品
●ブランドタオル
●日用品ギフト（食器・鍋）

地下1階
●精肉●鮮魚
●野菜●果物●調味料
●インスタントラーメン●清涼飲料水
●冷凍食品●アイスクリーム
●お菓子●乳製品●ベーカリー
●米●ペットフード
●テレビ・ビデオ●オーディオ
●家庭電化製品●電球・ランプ
●事務用文具●家庭用文具
●カー用品
●シャンプー・リンス●石鹸・洗剤
●トイレットペーパー
●ティッシュペーパー

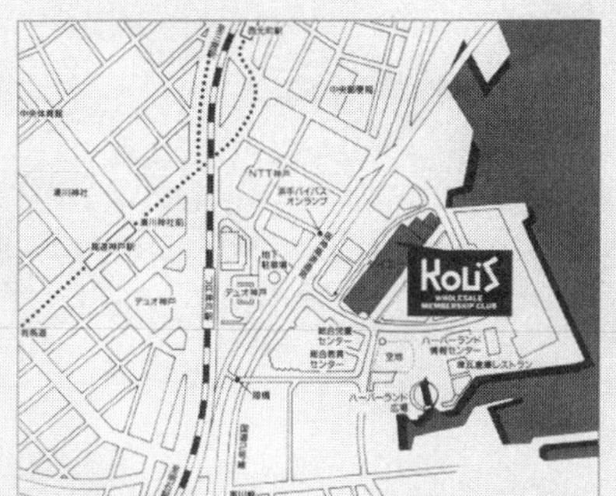

［交通案内］●JR神戸駅より徒歩約4分●高速神戸駅より徒歩約12分
［営業時間］AM11：00～PM7：00

［駐車場をご利用ください］
●車でお越しの方は、地下2階ダイエー・阪急専用駐車場（キャナルパーキング）または、立体駐車場（ダイヤパーキング）をご利用ください。
（P台数2,600台）
●なお、駐車場は有料となっております。
（30分－250円）
（ただし、ダイエー ハーバーランドシティ（2階～6階）で3,000円以上お買物された場合は、2時間まで無料となります。）

お問い合わせ窓口
Kou'S ホールセールメンバーシップクラブ
〒650 神戸市中央区東川崎町1丁目7-5 ☎078-360-4741
お問い合わせ時間：AM11：00～PM6：00

（出所：流通科学大学ダイエー資料館提供）

彼が創業者である父の後を受け，ダイエーの社長に就任することは規定路線と見なされており[10]，また，ハイパーマートは中内潤副社長直轄のプロジェクトであったこともよく指摘されるところである[11]。ダイエーの新たな主力業態として位置付けられたハイパーマートの成功を受け，中内潤副社長が社長に就任するストーリーが描かれていたことは想像に難くない。

しかし，後述のように，ハイパーマートはなかなか黒字化しなかった。それでも，ハイパーマート事業の中断や撤退という意思決定が難しい状況にあったのは，このような背景によるものである。

以上のように，1990年代のダイエーは，「使命としてのディスカウント志向」を再確認し，それを受けてハイパーマートを中心としたディスカウント業態の展開を加速するが，そこに後継者問題が影響を与えているという，小売業態戦略とオーナー企業特有の内部事情が錯綜する状況にあった。

2　本業の不振（規模の不経済）

1989年11月の釧路店を第１号店とするハイパーマートは，1990年度から1992年度までの３年間で６店舗を開店したが（三田店，富山店の業態転換を含む），それ以降，４店舗（1993年度），６店舗（1994年度，鳴子店の業態転換を含む），８店舗（1995年度）と出店ペースが加速する。

特に1993年度以降は，ダイエー単体における出店計画のほとんどをハイパーマートが占める状況であった。その結果，1999年度までに計38店舗のハイパーマートが出店される（**図表１－４**）。同時に，会員制のディスカウント業態であるKou'sも，最大７店舗まで展開された。

しかし，このようなディスカウント業態はダイエーに利益をもたらさなかった。

1995年10月７日付の『週刊ダイヤモンド』誌に，ハイパーマート13店舗

［図表1-4］ダイエーにおけるハイパーマートの出店経緯（1989～1999年度）

1989	1990	1991	1992	1993	1994	1995	1996	1997	1998	1999
釧路	二見	三田	北広島	西脇	岡崎	丸亀南	鹿児島谷山	多治見	東広島	甲南
		富山	西岡	北柏	松本	酒々井	旭川近文	西条	長野若里	鹿屋
			瀬戸	上磯	星置	南長崎	岩出			須恵
				坂出	東貝塚	蕨	千鳥			東郷
					泡瀬	いわき	滝川			
					鳴子	石橋				
						彦根				
						延岡				

注）1991年度の三田店，富山店，1994年度の鳴子店は新規出店ではなく業態転換。

（出所：ダイエー創業50周年誌他）

の売上高や店利益（本部経費負担金等も含めた店舗段階の最終利益）が掲載されている[12]。それによれば，13店舗中で店利益が黒字なのは１店舗のみで，他の12店舗は営業利益，店利益ともすべて赤字という状況であった。

13店舗の平均値をとると，売場面積が3,147坪／店，売上高が79.5億円／店，営業利益が－1.6億円／店，店利益が－6.0億円／店という状況であった。粗利益率が17.8％に抑えられている一方で，不動産コストの高さもあって販売管理費（以下，販管費）が高止まりしていたことから，利益を生む業態としては確立されていなかったのである。

ハイパーマートについては，損益状況の悪化を受け，1994年以降，ダイエー社内でも大型化への懸念が示されていた。社内における議論のポイントは，売場面積を2,500坪以下に抑えること，１坪当たりの投資額を600千円以下に抑えること等であった。

それでも，次世代に向けた新規業態として，岡崎店，松本店，東貝塚店（いずれも1994年度の開店）などは当初の予定通りに出店され，損益状況の悪化に歯止めをかけることはできなかった（**写真１-２**）。

その後1996年度からは，中内潤副社長（当時）の指揮のもと，収益構造

［写真１−２］ハイパーマート松本店の外観と売場

（出所：流通科学大学ダイエー資料館提供）

の改善に向けた取組みが行われた。当時の年間改装投資額の50％以上をハイパーマートに振り向けるなどした結果，取扱い品目の拡大や店舗内装の改善等が奏功して損益改善が図られた。しかし，３年後の1999年度時点でも，ハイパーマートは依然として全店で経常赤字の状態が続いていた[13]。

その後，ハイパーマートは1999年度に㈱ダイエーハイパーマートとして別会社化され，2002年度末には清算されることになる（同時に，Kou'sも会社清算）。

この1990年代におけるハイパーマートの積極展開は，２つの点からダイエーの業績に大きな負の影響を与えるものであった。ひとつは，1989年の１号店の開店から約10年間にわたり継続的に期間損失を生じさせたことである。いまひとつは，総計で約1,000億円といわれる投資額（30億円×38店舗）が最終的に事業撤退損失となったことである。

また，ハイパーマートが積極展開される一方で，主力業態である総合スーパーも厳しい状況に置かれていた。**図表1－5**は，1991年度から1997年度までのダイエー単体の既存店売上高前年比の推移である[14]。

1991年度以降，ダイエーの既存店売上高は継続してほぼ前年度を下回る結果となっている。このような継続的な売上不振は，基本的には総合スーパー業態の販売不振を意味するものである。1997年度には1991年度対比で81.2%の売上高となっている。1991年度と比べて，じつに3,800億円以上もの売上高が失われた計算となる。

このような販売不振に対して，利益面から大きな影響を与えたのが，1994年3月1日付で行われた4社合併と阪神・淡路大震災後の復興対応で

［図表1－5］ダイエーの既存店売上高前年比の推移
（単体，1991～1997年度，単位：%）

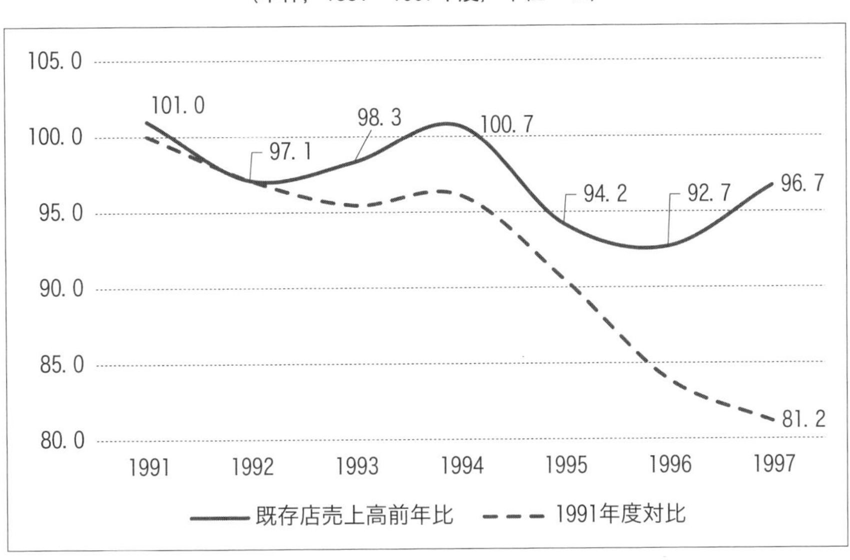

（出所：ダイエー決算発表資料各年版）

あった。

まず，４社合併は不振業態としての総合スーパーの店舗数を増加させただけでなく，販管費の大幅な上昇を生じさせた。**図表１－６**は，1985年以降のダイエー単体の売上高，売上総利益率，販管費率の推移を示したものである。

これによれば，ダイエー単体の売上総利益率と販管費率は，1985年度以降緩やかに上昇を続けるが，1994年度にはいずれも大幅に上昇したことがわかる。４社合併にあたっては，スケールメリットを生かして物価を50％引き下げるという壮大な目標が掲げられていたが，売上規模は拡大したものの，本部・店舗人員の肥大化をはじめ，内部的に大きな非効率性を抱え込むことになったのである。

また，この４社合併は，1993年度の日本ドリーム観光の合併とも併せて，

［図表１－６］ダイエーの売上高，売上総利益，販管費率の推移
（単体，1985～1997年度，単位：億円，％）

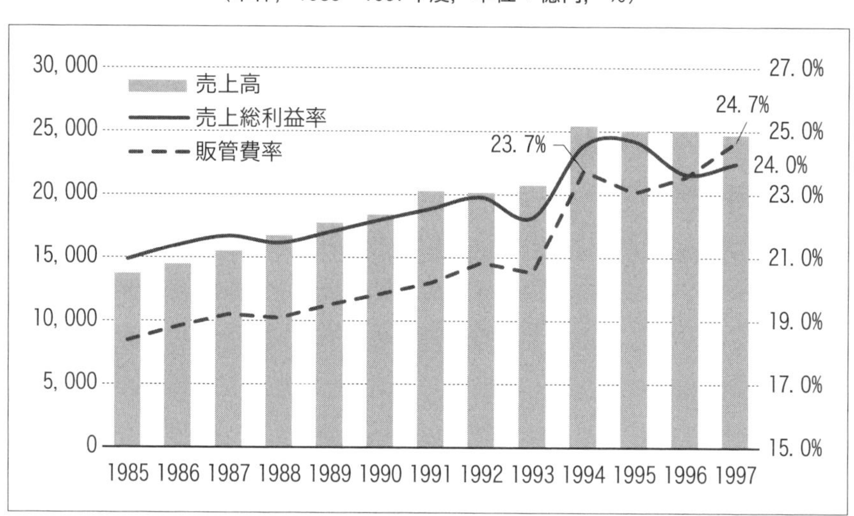

（出所：ダイエー財務データ）

82百万株もの自己株式をグループ内に発生させることになった。

自己株式とは，上場会社間の合併が行われた場合，相互に保有していた合併先の株式が，合併比率にしたがって新たに合併会社の株式（自己株式）に置き換わるものである。ダイエーの場合，複数のグループ企業が日本ドリーム観光，忠実屋，ユニードダイエーの株式を保有していたことから，ダイエーがそれらを吸収合併することによって，総計82百万株もの自己株式（ダイエー株式）をグループ内に発生させることになったのである。

この自己株式は，後述するように，その後のダイエーの株価下落によってグループ内に大きな含み損を抱えさせ，経営再建の足かせとなっていくのである。

また，４社合併後の販管費率の大幅な増加に加え，1995年１月に発生した阪神・淡路大震災は，商品損失，建物設備損失，建物設備修理等で約500億円もの罹災損失をダイエーに生じさせた。

このような状況もあり，ダイエーでは1995年２月に「復興３か年計画」を策定・実行した。そこでは，旧忠実屋，ユニードダイエーの赤字店舗20店の閉鎖，全体の４分の１にあたる正社員5,000名のグループ各社への出向，パートタイム社員の勤務時間の４時間への短縮等が行われた。パートタイム社員の勤務時間の短縮は，休憩時間の付与を不要とするためのものであった。

このような経費削減策の結果，1995年度には，ダイエー単体の経常利益が250億円（前年比＋178億円），連結の経常利益が373億円（前年比＋297億円）と大幅な利益改善を図ることができた。しかし，このような単年度での急激な利益改善は，営業面での大きな代償を払うことになった。

各店舗では売場人員の４分の１の社員がグループ会社に出向したのみならず，ベテランのパートタイム社員が勤務時間の短縮によって大量に退職し，その多くがイオンなど競合他社に再就職したのである。また，パートタイム社員の大量退職は，ダイエーにとっては安定的な優良顧客の喪失を意味するものでもあった。

ダイエー各店舗では，新商品提案や売場のメンテナンスを行う余裕が失われ，売場が無機質なものになっていった。このような売場の魅力低下に加え，店舗投資がハイパーマートに傾斜配分されたことによる店舗の老朽化が重なり，ダイエーの総合スーパー事業の競争力は大幅に低下した。

4社合併時には，販売価格を低下させることによって来店客数を増加させることが目指されていた。しかし，売場の急激な魅力低下により，販売価格が低下する一方で客数も減少するという事態に陥ったのである。図表1－5において，1995年度から1996年度のダイエー単体の既存店売上高が大きく減少しているのは，このような要因によるものである。

以上のように，1990年代のダイエーは，採算の取れないハイパーマートを継続的に出店する一方で，主力業態である総合スーパーの競争力も大幅に低下するという状況にあった。

4社合併というスケールメリットを目指した行動が，結果として規模の不経済を生じさせたが，ハイパーマートに注力するという社内事情もあり，総合スーパーに対しては，主に経費削減という打ち手しか取れなかったことが影響したものと思われる。

3 グループ事業の不振と過剰債務

ダイエーの事業多角化は，創業して12年が経った1969年頃から開始されるが，1970年代には専門店事業やレストラン事業への進出が中心であった。自社で開設するショッピングセンターへの付帯施設を自社で展開するための事業多角化である。

ところが，1982年にそれまでの動きとは異なる大型投資が行われる。ハワイのアラモアナ・ショッピングセンターの買収と神戸セントラル開発の設立である。神戸セントラル開発は，JR新神戸駅に隣接したホテル・商業施設建設のためのデベロッパー会社である。投資額はそれぞれ500億円規模であった。

その後，1984年になると「4セクタービジョン」が発表され，ダイエーはコングロマーチャント（事業複合型小売業）を目指すこととした。4セクタービジョンとは，企業成長の方向性として，リテイル，サービス，ファイナンス，デベロッパーという4つの事業領域を定めたものである。

図表1-7は，ダイエーの関係会社数（連結子会社数＋持分法適用会社数）の推移を示したものである。1980年代の初頭から関係会社数が増加し，1980年代の半ばに，ほぼ150社前後の規模となったことがわかる。

［図表1-7］ダイエーにおける関係会社数の推移
（1980～1997年度）

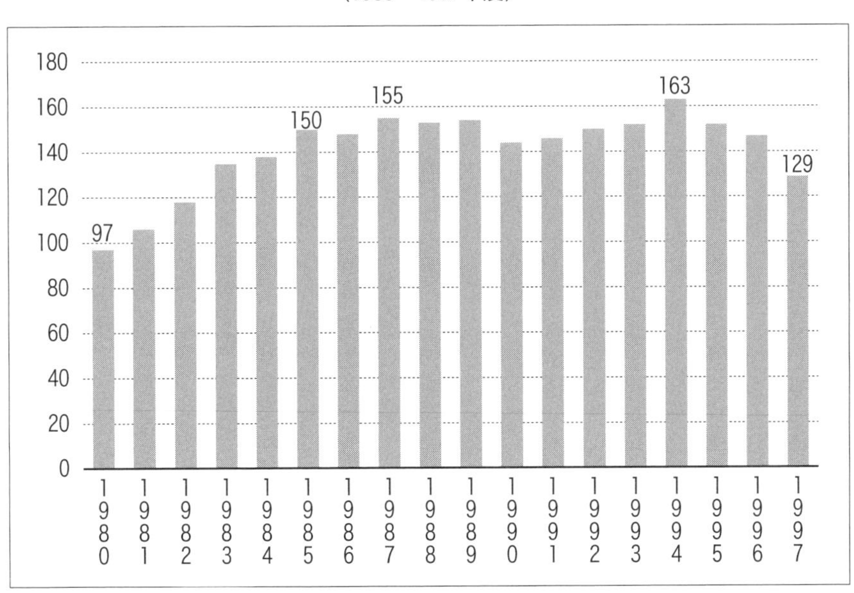

（出所：ダイエー財務データ）

図表1－7にみられるように，1980年代以降，ダイエーでは事業の多角化が推進されていくが，それらグループ企業の業績は芳しいものではなかった。

図表1－8は，1980年度からのダイエーにおける連単倍率（連結当期純利益／単体当期純利益）の推移を示したものである。なお，1982，1983，1984，1996の各年度は連結最終利益が赤字，1994年度は単体・連結とも赤字であった。

図表1－8によれば，ダイエーの連単倍率は，おおむね低い水準に留まっていることがわかる。ダイエーにおけるこのようなグループ事業の貢献度の低さは，同社独特のグループ経営手法によるところが大きかった。

そのグループ経営手法とは，①グループ企業を本体からの人材の受け入

［図表1－8］ダイエーの連単倍率の推移
（1980～1997年度，単位：億円，％）

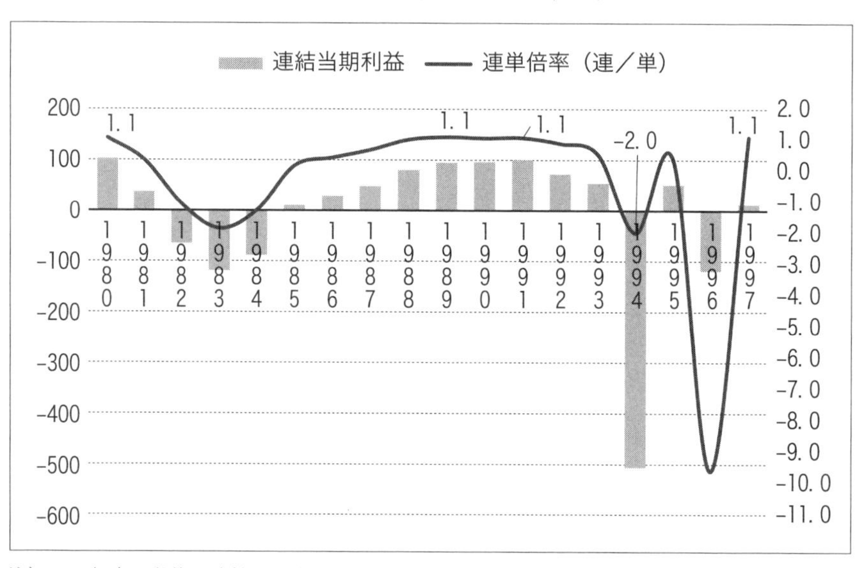

注）1994年度は単体・連結とも当期純利益は赤字だが，連結の赤字額が単体の赤字額の2.0倍あることから「－2.0」とした。

（出所：ダイエー財務データ）

れ先と位置付ける，②グループ内で一体的な資金還流を行う，③ダイエー本体が集権的な意思決定を行う等の特徴を持つものであった[15]。

まず，グループ企業の経営者は，店長や地区長のいわゆる“上がり”ポストと考えられていた。したがって，グループ企業の経営者には企業経営の経験がなく，売上高や粗利益高までの管理は行えても，企業全体の管理を行う能力が不足していた。

また，グループ内に朝日ファイナンスという企業があり，そこがグループ企業の資金管理を一元的に担っていた。グループ内で業績の優れた企業には，余剰資金運用という名目で朝日ファイナンスに短期貸付を実行させ，朝日ファイナンスは当該企業に預かり利息を支払う。その一方で，朝日ファイナンスは，業績不振で外部から資金調達の難しい企業に市場金利と同水準で貸し付けを行うという仕組みである。その結果，グループ企業の経営者は資金調達に注意を払わずに経営を行うことが可能であった。

このような仕組みは，グループ企業の経営者が営業人材であったための対応であったが，グループ内に経営人材を育成できないという点や優良企業から成長投資の機会を奪うという点で，大きなデメリットを持っていた。

さらに，グループ企業において投資を行う場合には，基本的に中内社長（当時）の決裁が必要とされていた。グループ企業が自らの意志で投資を行い難い状況は，グループ企業の経営者たちのモチベーションを低下させることになった。

このようなダイエー独特のグループ経営手法は，同社のグループ企業の成長を阻害した。その結果が，図表1－8にみられるような継続的な連単倍率の低さであった。

また，グループ企業の低調な業績は，有利子負債の増加とともに，グループ企業間に複雑な資本構成を伴わせることになった。連結・非連結を調整することで，連結決算上の業績を変化させることが可能だからである。

これは主に金融機関対策として行われたが，事業の多角化が進み，有利子負債が増加するなか，ダイエー本社における重要な業務のひとつとなっていた。

一方，ダイエーのグループ企業であっても，ダイエーから独立性の高い企業は，良好な経営成績を収める傾向にあった。ダイエー・オーエムシー(当時)，十字屋は上場会社であったために経営の独立性が担保され，グループ企業内での資金還流の対象とはならなかった。

また，業態の異なるローソンも，ローコスト・マスマーチャンダイジング・システムを掲げるダイエー本体とは商品政策が異なることから，マルエツとは違って，ダイエーから商品供給が行われるようなことはなかった。

ローソンは，1990年代を通じてダイエーの連結営業利益の大半を稼ぎ出していたが，ローソン株式の売却後（2000～2006年度にかけて順次売却）は，ダイエー・オーエムシー（2002年度よりオーエムシー・カードに社名変更）が連結営業利益の半分から過半を生み出すような状況であった。

グループ内にこのような優良企業が存在していても，全体として連単倍率が低調であったということは，それ以外の企業の利益水準が低かったということである。ダイエー独特のグループ経営手法が，グループ企業の成長を阻害していたことが窺われる。

ここで，ダイエーの有利子負債の状況についてみておこう。**図表1－9**は，ダイエーにおける連結有利子負債額の推移を長期にわたって示したものである。

ダイエーの有利子負債は，1982年のアラモアナ・ショッピングセンターの買収と神戸セントラル開発の設立によって，一挙に1,000億円増加した。この頃から，ダイエーに対する金融機関の目が厳しくなったといわれる。総合スーパーの成長が鈍化し，グループ企業の業績が芳しくないなか，大型の投資が立て続けに行われたからである。

[図表1-9] ダイエーにおける連結有利子負債額の推移

(単位：億円)

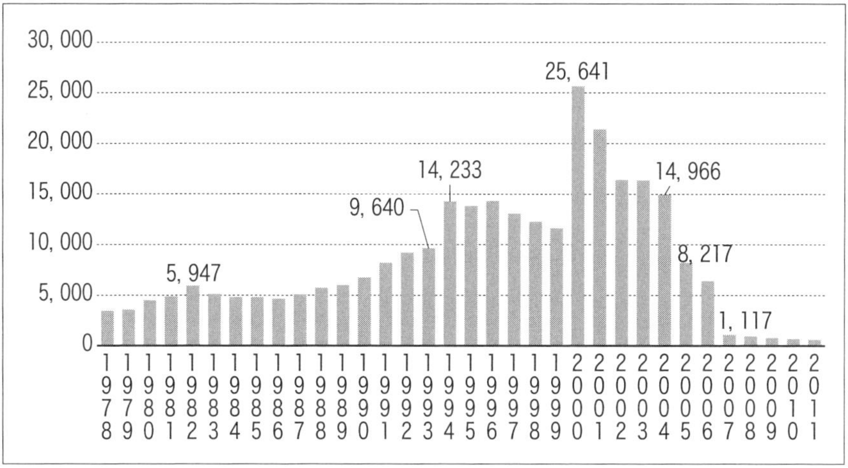

30, 000
25, 000
20, 000
15, 000
10, 000
5, 000
0

5, 947
9, 640
14, 233
25, 641
14, 966
8, 217
1, 117

1978 1979 1980 1981 1982 1983 1984 1985 1986 1987 1988 1989 1990 1991 1992 1993 1994 1995 1996 1997 1998 1999 2000 2001 2002 2003 2004 2005 2006 2007 2008 2009 2010 2011

（出所：ダイエー財務データ）

その後，ダイエーの有利子負債は1980年代の後半から継続的に増加する。1987年度のリッカーの経営支援，オリエンタルホテルの買収，1988年度の日本ドリーム観光への経営参加，プロ野球球団南海ホークスの買収，1991年度の福岡ドーム建設，1992年度の忠実屋株式の公開買い付け，リクルートへの経営参加，1993年度のマルコーへの経営支援，1994年度の４社合併などがその要因である。その結果，ダイエーの有利子負債は1994年時点で１兆4,000億円を超えた。

なお，同社の有利子負債が2000年度に大幅に増加したのは（約２兆5,000億円），連結会計制度の実質支配力基準への変更にしたがって，有利子負債を計上したことによる。ダイエーにおけるグループ全体での有利子負債額が，この時点で明らかになったのである。

ダイエーが有利子負債の増加に歯止めをかけられなかった背景には，中内社長（当時）の事業拡大意欲に加え，いわゆるバブル経済崩壊後の銀行側の事情もあった。

バブル経済の崩壊後，多くの企業がM&A（企業の合併・買収）に消極的となったため，銀行側は多くの案件をダイエーに持ち込むようになった。ダイエーの過度な事業拡大に異を唱える経営幹部もいたが，その後異動となったこともあり，中内社長の意向を優先し，ダイエーでは銀行からの持ち込み案件を受諾することが規定路線となっていた。当時は，銀行側にも，ダイエーが買収してくれれば，不良債権でも正常債権として処理できるメリットがあったもようである。

このように，ダイエーにおける有利子負債の拡大には，企業内部のガバナンス不全という問題に加え，当時の銀行の経営スタンスも影響していた。

また，中内社長（当時）の意向によるグループ事業の逐次的拡大は，ダイエーの経営計画から中長期的な視点を奪っていった。大型投資が毎年のように行われるため，ダイエー本社では計画修正と当年度の決算対応に追われるようになっていったのである。

4 環境変化と負のスパイラル

ダイエーには，店舗やシステムは内部開発し，土地は取得するという「内製主義」があったことが知られている[16]。1980年代以降の事業多角化を通じても，多くの土地が取得された。**図表1-10**は，1990年代におけるダイエーの土地の簿価額（連結）の推移を示したものである。

1992年度から1994年度にかけての2年間で，土地の簿価額が2.4倍になった。1993年3月の日本ドリーム観光との合併，1994年3月の忠実屋，ユニードダイエー等との合併に加え，ハイパーマート出店用の土地などに積極的な投資が行われたからである。

また，ダイエーでは，図表1-10に示されたもの以外に，連結対象外の

［図表１-10］ダイエーにおける土地の簿価額
（連結，単位：億円）

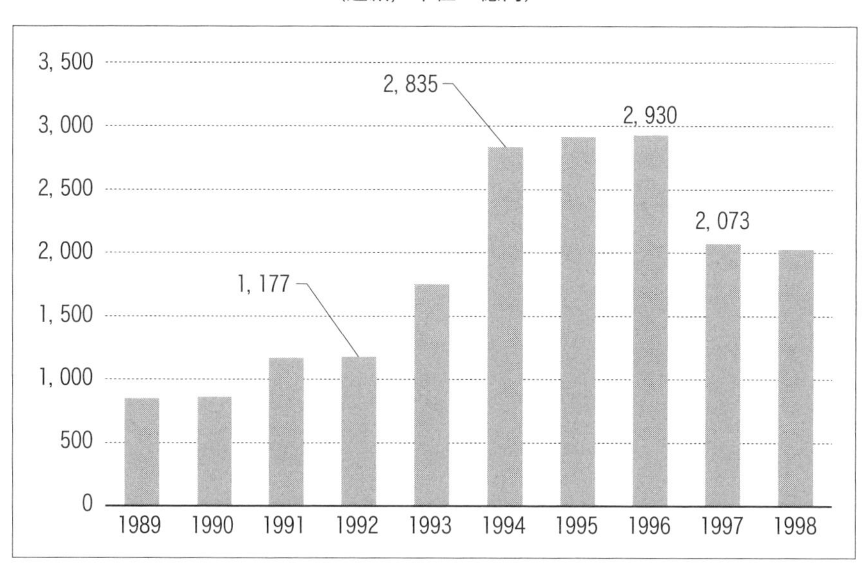

（出所：ダイエー財務データ）

グループ企業においても多くの土地が保有されていた。福岡ダイエーリアルエステート（保有土地：福岡ドーム，シーホークホテル），サン総合開発（同旧ユニードダイエー店舗），福岡ドーム（同新神戸オリエンタルホテル）などが代表的なものである。1997年度時点で，それら連結対象外のグループ企業による土地保有額は，総額で3,000億円規模に達していたものと推測される[17]。これらの土地も，2000年度からの連結会計制度の実質支配力基準への変更により，すべて連結対象となっていくのである。

しかし，バブル経済の崩壊もあり，土地の価格は1991年をピークに下落し始める。その下落スピードは激しいものであった。大都市圏における土地公示価格－商業地－の推移（1983年を100としたときの年度別指数の推移）を示したものが**図表１-11**である。

[図表１-11] ３大都市圏における土地公示価格（商業地）の推移
（1983年を100とした場合の指数推移）

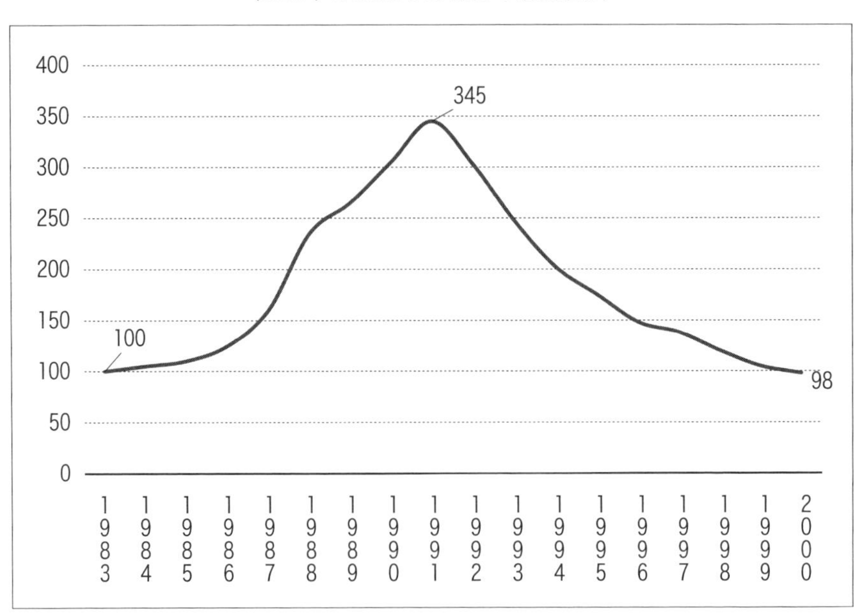

（出所：国土交通省地価公示室データベース）

1990年代におけるこのような地価の下落は，1980年代の後半から事業の多角化を推進し，多くの不動産を取得してきたダイエーに大きな影響を及ぼした。グループ全体の収益状況が芳しくないなか（ダイエー単体とグループ企業の不振），地価が下落したことで，不振事業から撤退しようにも多額の土地売却損が見込まれたことから，事業撤退が行い難い状況となったのである。

地価下落が始まった時点で，損益改善が困難と思われたにもかかわらず，すでに不動産を取得済みであった案件には，ハイパーマート（松本，泡瀬，旭川近文など），Kou's（厚木，品川など），オリエンタルホテル（難波，新浦安など），福岡事業（ドーム，ホテルなど）などがあった。これらが創業家としてこだわりのある事業群であったことも，撤退を難しくした要因であった。

このような地価の下落と創業家への配慮から，ダイエーは事業をスリム化する機会を失い，不採算事業が損失を生み続けるという状況に陥ったのである。

さらに，1990年代のダイエーには，株価の下落というもうひとつの問題があった。**図表1-12**は，1990年代からのダイエーの株価の推移である（株価は各年度末の数値，時系列比較を可能にするために株式併合―2002年度に1/2，2005年度に1/10―の影響を反映済み）。

ダイエーの株価は，1989年に最高値である49,400円をつけた後，1994年

［図表1-12］ダイエーの株価推移
（株式併合を反映，単位：円）

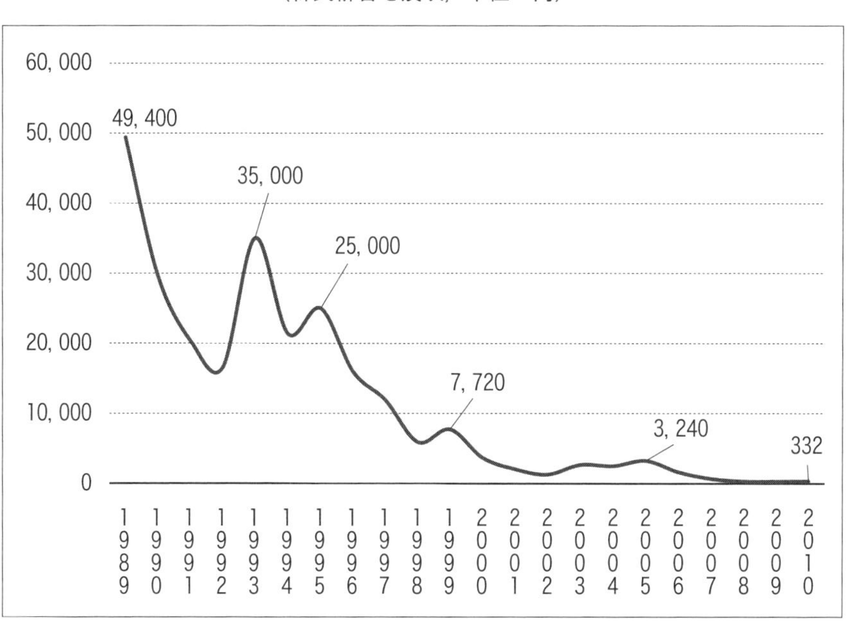

（出所：野村證券時系列株価データを筆者が加工）

の４社合併前にやや持ち直したものの，1990年代を通じて継続的に下落基調となった。このような株価の動きは，利益状況が芳しくない一方で有利子負債が増加しつづけるという経営状況の反映であったが，阪神・淡路大震災をはさんだ1990年代の後半以降は，一段と下落ペースが加速した。

このような株価の下落も，金融機関対策としてグループ企業間に複雑な株式持ち合い構造を有していたダイエーに影響を及ぼした。特に，1994年度の４社合併を経て，グループ内に自己株式を82百万株所有していたダイエーは，2000年度からの金融商品の時価評価会計制度の導入によって，連結決算上の当期利益や純資産額に大きな影響を受けることになったのである。

なお，４社合併以降の株価の下落が，ダイエーにどれほどの含み損を発生させたかは不明だが，４社合併が行われた1994年度と金融商品の時価評価会計制度が導入された2000年度の株価を比較すれば，およそ1/6の株価水準となっている。

ちなみに，金融商品の時価評価会計制度の導入がダイエーに対して特に多大な影響を与えたのは，それだけダイエーの保有する関係会社株式が多かったからでもある，例えば，2000年度末時点でのダイエーの投資有価証券（含：関係会社株式）は約1,823億円であった。一方，イオンは620億円，イトーヨーカ堂（当時）は240億円に留まっていた[18]。金融商品の時価評価会計制度の導入は，ダイエーに対して，より大きな影響を及ぼしたのである。

このように，1990年代のダイエーは，地価の下落によって不振事業から撤退する機会を失う一方で，業績不振による株価下落がグループ全体の損失を拡大し，それがさらなる株価の下落を招くという負のスパイラルに陥ることになったのである。

5 ダイエー経営悪化の構図

ここで図表1-3を参照しながら，ダイエーが単体・連結ともに経常赤字に転落し，多額の有利子負債と相まって，抜本的な経営再建が求められるようになった要因について改めてまとめておこう。

ダイエーは，1957年の創業以来，「よい品をどんどん安く」を経営理念として，ディスカウント商法によって大きな成長を遂げた。しかし，1980年代に入ると，主力業態であった総合スーパーの業績不振とともに同社の成長は鈍化する。そこで，ダイエーを改めて成長軌道に乗せるべく，1990年代以降，再びディスカウント業態（ハイパーマート）の展開を加速する。拠りどころとしていた「流通革命論」が再認識されたのである。

ところが，新たなディスカウント業態であるハイパーマートは利益を生まなかった。不動産コストが高く，店舗段階での黒字化が難しかったからである。しかも，ハイパーマートは，中内㓛社長の長男で後継社長が規定路線となっていた中内潤副社長直轄のプロジェクトでもあったため，中止するという組織的な意思決定を行うことが難しかった。

そのうえ，店舗投資に関して，ハイパーマートへの傾斜的な投資配分が行われたため，主力業態であった総合スーパーのさらなる不振を招き，結果的にダイエー単体の経営状況を悪化させてしまう。

一方，ダイエーは1980年代から事業の多角化を進めるが，同社独特のグループ経営手法もあって，一部の上場企業等を除き，グループ企業の業績は芳しくなかった。そのうえ，1990年代以降も，社内におけるガバナンス不全から歯止めの効かない事業拡大が継続し，同社の有利子負債は増加していく。

そのような状況下，いわゆるバブル経済の崩壊もあって地価が下落しはじめると，土地の自社保有を旨としていたダイエーは，撤退損失が過大となるため，不振事業からの撤退もできなくなってしまう。さらには，業績不振と過大な有利子負債から同社の株価が下落し続け，複雑な株式持ち合い構造をもつグループ企業にも大きな評価損失を生じさせた。

その結果が，1997年度の経常赤字転落（連結及び単体）であり，その時点で，ダイエーは抜本的な経営再建が求められる状況となったのである。

以上のような経営悪化の構図をふまえれば，1990年代のダイエーには，すでに以下のような問題が存在していたといえよう。すなわち，①新規事業に関して正当な事業性評価を行う文化や制度が欠けていたこと，②特定の事業観を正とし，市場に柔軟に適応するという姿勢が希薄だったこと，③グループ企業に対して，独自の経営判断で成長機会を探索できるような経営上の自立性を与えなかったこと，④有利子負債に依存した過度な固定資産投資により，環境変化（会計制度の変更，地価の下落等）への適応力が低かったこと，これらの４点である。

1　売上高にはその他営業収益を含んでいる（以下，特に断らない限り同じ）。
2　本書におけるダイエーの財務データは，「SPEEDA」（㈱ユーザベース）の有価証券報告書データベースによるものである。
3　ここでの「年度」とは，ダイエーの決算年度のことである。ダイエーの決算年度は，３月から２月までの12か月である。したがって，阪神・淡路大震災は1995年１月に発生したが，決算年度では1994年度（1994年３月〜1995年２月）となる。本書において「年度」という表記を使用する場合は同様の期間を指している。
4　流通科学大学中内資料館（2003）。
5　矢作（1998）。
6　『日経ビジネス』1982年９月６日。
7　中内・御厨（2009），p.231。
8　ダイエー社史編纂室編（1992）。
9　『日本経済新聞』1990年２月12日，同1993年５月21日，同1994年９月７日など。
10　『日本経済新聞』1986年５月23日，同1989年１月10日など。

11　『週刊ダイヤモンド』1995年10月7日，『エコノミスト』2002年2月5日など。
12　本誌には店利益という内部情報が掲載されていることから，社員が情報提供を行った可能性があるとして，ダイエー社内でも当時は問題になった。
13　『日本経済新聞』2000年7月22日。
14　既存店売上高前年比のデータは，1991年度以降のみが入手可能であった。
15　ここで記述しているダイエーのグループ経営の特徴やグループ企業間の資本構成は，経営企画，財務・経理等の担当役員・部長経験者複数名へのヒヤリングを参考にした。
16　田村（2016），p.69。
17　ダイエー・ホールディング・コーポレーション（DHC）設立時の公表資料より。
18　各社財務データより（ダイエーと同様に「SPEEDA」による）。

第2章
ダイエーの経営再建プロセス(1)
―自主再建から産業再生機構の活用へ

1 経営再建プロセスの概要

1998年度から開始されたダイエーの経営再建は，2013年度にイオン傘下に入るまで，16年もの長きにわたるものであった。そして，その経営再建プロセスは，再建主体の度重なる変更に見舞われた歴史でもあった。

1997年度の単体・連結経常赤字への転落を受け，1998年度からダイエーによる自主再建が始まった。しかし，主力銀行に対して金融支援を要請したことから，ダイエーは2001年度から銀行主導ともいえる経営再建の段階に入る。その後は，2004年度からの産業再生機構，2006年度からの丸紅・イオンの2頭体制，そして2013年度からのイオン単独へと再建主体が何度も変更されていくのである。

本書では，本章と次章において，これらのダイエーの経営再建プロセスを4つの期間に分けて記述する。すなわち，①ダイエーによる自主再建，②主力銀行主導の再建，③産業再生機構から丸紅主導の再建へ，④丸紅・イオンの2頭体制からイオン単独での再建へ，これら4つの期間である。以下，それぞれの概要についてまとめておこう。

〈ダイエーによる自主再建（1998～2000年度）〉

主力銀行から有利子負債の削減が求められるなか，グループ内の優良事業の売却に踏み切っていく時期である。しかし，経営再建の眼目となった総合スーパー事業の不振からダイエーの株価は継続的に下落し，複雑な株式持ち合い構造をもつグループ全体の損失がさらに拡大する。その結果，連結決算で債務超過に陥る恐れもあったことから，やむなく主力銀行に対して金融支援を要請した。

〈銀行主導の再建（2001～2004年度）〉

金融支援が実行されたことで主力銀行の経営関与が強まるなか，営業改善の進まないダイエーは，不良債権問題への対処を迫られる主力銀行によって産業再生機構の活用へと追い込まれていく。ダイエーは自ら支援企業の探索を行うなど自主再建にこだわったが，金融再生プログラムの発動に伴う主力銀行への不良債権の半減要請や産業再生機構の設置という制度設計によって，ダイエーは産業再生機構の活用を余儀なくされる。

〈産業再生機構から丸紅主導の再建へ（2005～2007年度）〉

産業再生機構の早期支援終了により，ダイエーの筆頭株主となった丸紅がイオンをパートナーに選定し，２頭体制でダイエーの経営再建に取り組む時期である。産業再生機構支援下のダイエーは，食品スーパーへの転換に向けた再建計画を実行し，一時は営業改善の兆しを見せた。しかし，丸紅が筆頭株主となり，イオンとともに選択した業態戦略は総合スーパーへの回帰であり，営業改善に向けた業態戦略は再転換された。また，ダイエーに資本参加したイオンは，この頃からマルエツやダイエーの株式の追加取得を進め，グループ陣容の拡大を図っていく。

〈丸紅・イオン２頭体制からイオン単独での再建へ（2008～2013年度）〉

丸紅とイオンは，一体的にダイエー再建に向けた有効な対策を打ち出すことができず，店舗の減損計上により損失がさらに拡大していく時期である。丸紅とイオンは食品スーパーを大型化したスーパー・スーパーマーケット（SSM）へと業態戦略を再度変更するが，ダイエーの業績は回復しなかった。イオンは２頭体制に終止符を打ち，ダイエーを子会社化し，イオングループと一体的な事業運営に取り組むこととした。

以上のように，16年間にわたるダイエーの経営再建は，再建主体の度重なる変更に見舞われながら進行し，イオンの傘下入りという形で終止符を打ったのである。

以下，これら４つの期間について，この第２章では前半の２つの期間（1998～2004年度）を取り上げ，第３章では後半の２つの期間（2005～2013年度）を取り上げる。

なお，ダイエーの主力銀行とは，住友銀行，三和銀行，東海銀行，富士銀行の４行（いずれも当時）であった。ダイエーではメインバンク制をとらず，資金調達等にあたっては４行並列での対応を行っていた。その後，住友銀行は2001年４月から三井住友銀行に，三和・東海銀行は2002年１月からUFJ銀行に，富士銀行は2002年４月からみずほ銀行に，それぞれ統合・再編された。

2　ダイエーによる自主再建

1997年度に単体・連結とも経常赤字に転落したダイエーにとって，再建に向けての主要課題は，グループとしての営業力の回復と有利子負債の削減であった。

そのため，1998年度から2000年度にかけ，ダイエーでは都合4回にわたって経営再建のための3か年計画が策定された。年に1回以上のペースで3か年計画が策定（修正）され続けたことからもわかるように，これらの計画を通じて，ダイエーは営業力の回復と有利子負債の削減を両立させることはできなかった。

そして，2000年11月に公表された4つめの再生計画―修正再生3か年計画―において，ダイエーは主力銀行に対して金融支援（1,200億円の優先株式の引き受けと5,000億円のコミットメントライン設定）を要請する。その結果，ダイエーに対する主力銀行の発言力が格段に増加した。主力銀行が，債権者のみならず，株主としての発言力も持つようになったからである。そして，この時点でダイエーによる自主再建プロセスが実質的な終焉を迎えることになった。

度重なる再生計画にもかかわらず，なぜダイエーによる自主再建は果たされなかったのか。その要因は，主に3つの観点から捉えられるものと思われる（**図表2-1**）。すなわち，①総合スーパー事業からの撤退を含む抜本的な事業構造改革が見送られたこと，②有利子負債の削減に向け，グループの優良事業が優先的に売却されたこと，③総合スーパー事業の改善が不調に終わり，それがさらなる株価の下落を招いたこと，これらの3点である。

特にダイエーの株価下落は，1990年代後半からのいわゆる会計ビッグバンにおいて実質支配力基準に基づく連結会計と金融資産の時価評価が求められるなか，株式持ち合い構造のもとにダイエー株式を分散保有していたグループ全体の財務体質を著しく毀損した。それは，2000年度に連結ベースで債務超過に転落しかねないほどで，ダイエーにとっては金融支援を要請せざるを得ない状況へと追い込まれたのである。

以下，ダイエーによって策定された4つの再生計画ごとに，その内容を

［図表2－1］ダイエーによる自主再建プロセス不調の構図

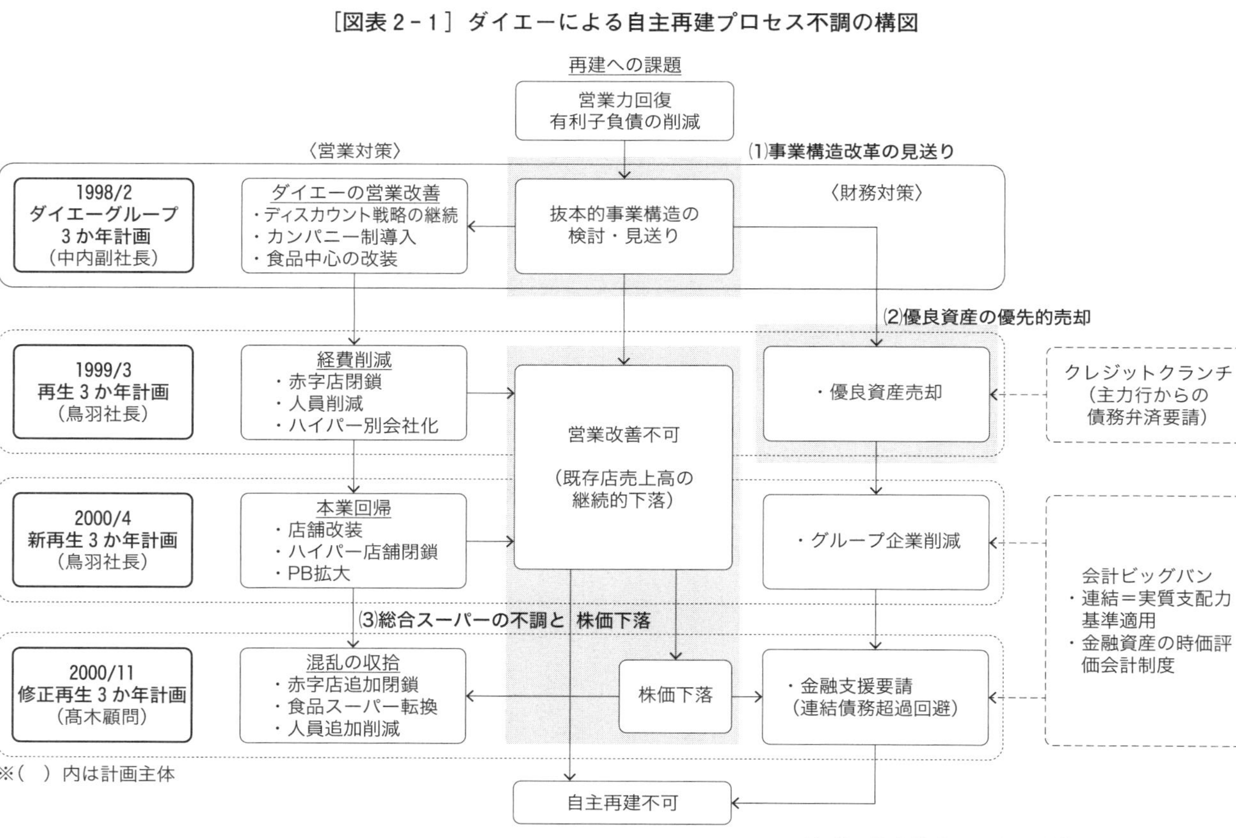

(出所：筆者作成，図中の数値は年度／月を示す)

検討しながら，ダイエーの自主再建が不調に終わるまでのストーリーを跡付けていこう。

(1) ダイエーグループ3か年計画

単体・連結経常赤字からの脱却を図るべく，ダイエーでは1998年1月に中内潤副社長（当時）をリーダーとする構造改善委員会が立ち上がった。

この構造改善委員会で当初議論されたのが「脱GMS（総合スーパー）構想」[1]であった。これは，2000年代以降のグループ事業の収益予測に基づき，グループとしての事業領域をコンビニエンス・ストア事業（ローソン），クレジット事業（ダイエー・オーエムシー），情報事業（リクルート）に絞り込もうというものであった。当時でも，これら3社だけで，700～800億円規模の営業利益を計上していた。

この「脱GMS構想」は，まさにダイエーの事業構造を抜本的に組み替えようとするものであった。総合スーパー事業や不振のグループ事業を切り離し，将来的に成長の見込まれる分野に経営資源を集中させることで，新たなダイエーの姿を描き出そうとしたのである。

イトーヨーカ堂はコンビニエンス・ストア事業（セブン-イレブン）に，イオンはサービス事業（イオンクレジット等）やデベロッパー事業（イオンモール）に新たな事業の柱を見出したが，ダイエーも総合スーパー以外に新たな事業領域を見出していこうという発想であった。

クレジット事業や情報事業は，「4セクタービジョン」に基づく積極的な事業拡大の結果，グループ内に取り込まれた事業である。それらがようやくダイエー単体の不振をカバーする役割を担う機会が到来したともいえた。

ところが，この「脱GMS構想」は採用されなかった。自らが作り上げてきた総合スーパー事業への中内社長（当時）の思い入れが強かったこと，2兆円規模の小売事業の売却に時間を要すると思われたこと，株主，主力銀行，顧客，従業員等のステークホルダーの説得が容易ではないと思われること等が理由であった。中内社長（当時）の「流通革命論」が影響したともいえる局面であった。

なお，当時は小売事業がダイエー・ホールディング・コーポレーション（後述，以下DHC）から分離されていたため，総合スーパー事業（除：ローソン）の固定資産が約1.3兆円あった一方で，その有利子負債は1.1兆円ほどに留まっていた。このような状況からも，総合スーパー事業を外部売却する可能性は残されていたことになる。

このような事業構造改革にかかわる議論は，一部関係者だけによる非公式のものであった。しかし，ダイエーという企業の存続を第一に考え，外部の意見もふまえた検討が行われていれば，ダイエーの新たな事業ポートフォリオを見出す可能性があったことになる。

ここで抜本的な事業構造改革を見送ったダイエーは，総合スーパーやハイパーマートを展開するダイエー単体の営業改善を第一の目的として，1998年２月に「ダイエーグループ３か年計画」を公表した。

ここでダイエー単体の営業改善が第一の目的とされたのは，ローソン，ダイエー・オーエムシー（当時），マルエツなどグループ企業の業績が堅調だったことに加え，グループ企業がダイエー株式を大量に分散保有するというグループ内の株式持ち合い構造が継続していたためである。

ダイエーでは，すでに1997年12月に，当時ダイエーの筆頭株主であった神戸セントラル開発（創業家所有）をDHCに商号変更することで，戦後初の純粋持株会社を設立していた。これは，ローソンの所有する多数のグループ会社株式をDHCが引き受けることで，多額の関係会社株式を保有していたローソンの上場要件を整えるとともに，グループ内の複雑な資本構成をシンプルにすることを目的としたものであった。

当時ローソンは，1,400億円を超える関係会社株式を保有していたが，その上場を可能にするためには，独占禁止法上の株式保有制限（金融業以外の事業を営む企業として，純資産額—当時のローソンで約400億円—を超える株式保有は不可）をクリアする必要があったのである。

その結果，DHCはローソンから1,000億円規模の関係会社株式を引き受け，ホテル・外食・不動産等のサービス事業を統括することとし，ダイエーはローソンを含めた小売事業を統括する体制となったのである（**図表2－2**）。

この体制によって，グループ内の資本構成はシンプルなものとなったが，それでも，ダイエー株式をグループ企業が保有するというグループ内の株式持ち合い構造は維持されたままだった。そのため，この「ダイエーグループ3か年計画」においては，1997年度において既存店売上高前年比が96.7%に落ち込んだ（図表1－7参照）ダイエー単体の営業改善が第一の目的とされたのである。

［図表2－2］ダイエーグループの資本構造（DHC設立後）

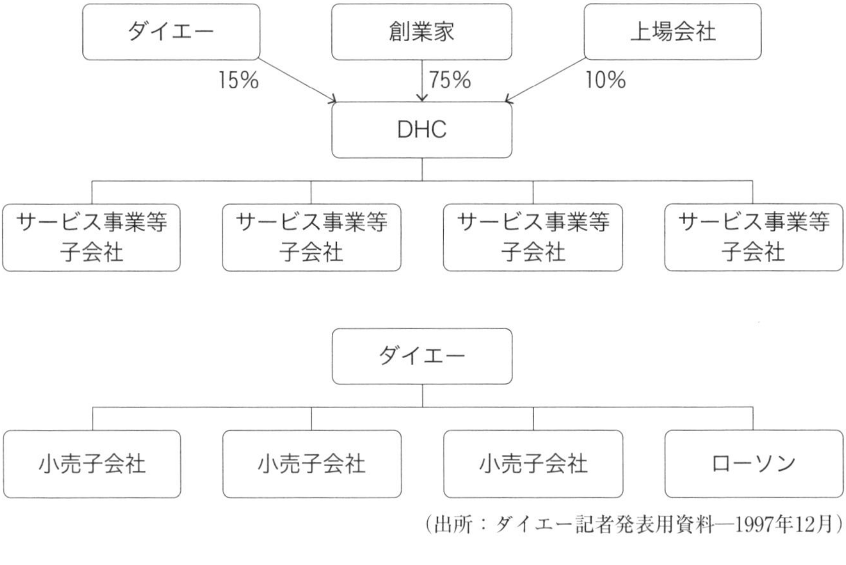

ダイエー
創業家
上場会社
15%
75%
10%
DHC
サービス事業等子会社
サービス事業等子会社
サービス事業等子会社
サービス事業等子会社

ダイエー
小売子会社
小売子会社
小売子会社
ローソン

（出所：ダイエー記者発表用資料—1997年12月）

ダイエーグループ３か年計画の主な内容は**図表２－３**の通りである。

図表２－３からは，赤字店の閉鎖や本部のスリム化などの損益改善策に着手したことがわかる。店舗閉鎖については，中内社長（当時）の意向もあってこれまでは“聖域”とされていたが，この３か年計画において初めて実施されることになった。1998年度中に合計31店舗が閉鎖されたが，それらはトポス，Ｄマートなどのディスカウント型店舗，四国・九州等の中小型の不振店などが中心であった。

一方，この時期はまだハイパーマートやKou'sの出店が継続されており，1998年の５月頃からは藤原台店（兵庫県神戸市）でディスカウント戦略の強化に向けた店舗オペレーション実験が行われるなど，中内潤副社長（当時）の指揮のもと，業態戦略としては引き続きディスカウント路線が追求されていた。

それでも，一連の施策が奏功し，経済成長率がオイルショック以来のマイナスに沈むなか，1998年度には単体・連結とも経常黒字化を果たす（経常利益額：単体10億円，連結111億円，図表２－９参照）。しかし，1998年度の既存店売上高前年比は94.4％に留まり（図表２－７参照），前年度よりも悪化する。

この数値からもわかるように，1998年度の損益改善は主に販管費を中心とした経費削減策（約400億円規模）によるものであった。また，財務対

［図表２－３］ダイエーグループ３か年計画

公表時期	計画主体	目　　的	手　　法
1998年 ２月	中内潤 副社長	ダイエー単体の 営業改善・黒字化	赤字店閉鎖（30店規模） 出店凍結 経費削減 （本部機能スリム化・バレー部等休部） 食品売場中心の店舗改装

（出所：ダイエーニュースリリース―1998年２月）

策としては，1998年４月にディックファイナンスが外部売却された（売却額885億円及び債権回収500億円[2]）。

なお，この時期の環境要因として特筆すべきことは，いわゆるバブル経済崩壊後の不良債権問題への対応を迫られる大手銀行が，金融庁の早期是正措置[3]などにより市場への資金供給を控えた，いわゆるクレジットクランチである。このような状況を受け，ダイエーに対しても主力銀行から債務弁済要請が行われるようになった。

このあたりの事情については，当時の副社長であった中内潤が次のように述べている。

「それで一応赤字になったけれど（筆者注：1997年度の経常赤字），立ち直らせかけたんです。そのときに銀行から貸しはがしみたいなことを食らい始めたんです。（中略）改装せんと，これからもたないよ，ということになってきたときに，98年ぐらいから貸しはがしが起こってきた。金を返せ，返せと言われる。あれが一番こたえましたね」（御厨・中内 2009，p.100）

このような主力銀行からの債務弁済要請が，ダイエーにおけるその後の再建計画にも影響を与えていく。

⑵ ダイエーグループ再生３か年計画

財務面の手腕を買われ，1998年５月にダイエーの代表取締役副社長に就任した鳥羽董（元 味の素社長）が，1999年１月に代表取締役社長に就任した。創業以来40年以上にわたって社長の座にあった中内㓛が1998年８月中間期，1999年２月期と続けて業績を大幅に下方修正したことの責任を取り，会長専任となることを受けての社長就任であった。

1999年３月には中内潤副社長も退任し（DHC社長へ転出），鳥羽新社長は，自らが中心となり策定した「ダイエーグループ再生３か年計画」を公

［図表2－4］ダイエーグループ再生3か年計画

公表時期	計画主体	目　的	手　法
1999年 3月	鳥羽社長	有利子負債削減 単体・連結営業改善	赤字店閉鎖（20店規模） 聖域なき経費削減 （初の希望退職募集，本社移転等） ハイパーマート別会社化 グループ資産の売却を加速

（出所：ダイエーニュースリリース―1999年3月）

表した（**図表2－4**）。

そこでは，赤字店閉鎖・経費削減を通じた損益改善策が継続されるとともに，新たに有利子負債の1兆円削減計画が掲げられた。

赤字店の閉鎖については，この3か年計画からはハイパーマートも対象とされ，ハイパーマートを含む約20店舗が閉鎖の対象となった。経費削減に関しては，特に人件費の削減に重点が置かれ，1999年7月に創業以来初の希望退職を募集したり（800名），8月にはハイパーマートを別会社化したりするなどして，正社員約1,800人，パートタイム社員約2,000人を削減した。また2000年2月には，賃料軽減のため，成増店への本社移転も行われた。

店舗閉鎖については，計画にしたがって1999年度に21店舗が閉鎖された。ディスカウント型店舗のトポスや地方の中小型店舗が中心であったが，ハイパーマート松本店がハイパーマートとしては初めて閉鎖の対象となった。

このような損益改善策の実施とともに，主力銀行からの債務弁済要請に応えるための資産売却が加速した。ほっかほっか亭（1999年4月，売却額83億円），ハワイのアラモアナ・ショッピングセンター（1999年5月，同923億円），リクルート株式（2000年1月，リクルートに対して一部売却，同約1,000億円）などである。

この他にもローソン株式は，2000年1月に20％を三菱商事に（同1,690

億円），また主力４行他にも売却されるなど（同845億円），有利子負債の削減に向けて戦略的に活用された。

一方，1999年秋には，プロ野球の福岡ダイエーホークスが初のリーグ優勝と日本一に輝いた。全店での優勝セールの実施によって，売上高前年比は短期的だが大幅に増加した（９月：120％，10月：125％）。それでも，1999年度通期では既存店売上高前年比が96.3％に留まり（図表２－７），ダイエー本体の営業改善は果たされないままであった。優勝セールという“特需”が，逆に社内における地道な営業改善意欲を低下させた面もあったといわれる。

1999年度の業績は，単体では経常利益12億円を確保したものの，持分法適用会社であったダイエー・オーエムシー（当時）における不良債権処理の影響が大きく，連結では経常利益－332億円とグループ全体での業績改善を図ることはできなかった（図表２－９）。

この「ダイエーグループ再生３か年計画」の実行により，有利子負債の削減に向けて，グループの優良資産（事業）が外部売却されるようになった。その結果，ダイエーにとっては，ダイエー単体（総合スーパー事業）の再建と有利子負債の継続的な削減が主要課題となっていく。

(3) ダイエーグループ新再生３か年計画

2000年度から，連結決算の対象範囲が実質支配力基準によることとなった。そのため，ダイエーの連結対象企業数が110社から約200社へと拡大し，グループ全体での有利子負債額が２兆5,000億円を超えることが明らかとなった（図表１－９）。

そのため，主力銀行に対して債務削減計画を明確にすることを目的として，2000年４月に「ダイエーグループ新再生３か年計画」が公表された（**図表２－５**）。

［図表2-5］ダイエーグループ新再生3か年計画

公表時期	計画主体	目　的	手　法
2000年 4月	鳥羽社長	有利子負債削減 本業回帰 （グループ企業削減）	グループ企業50社削減 赤字店閉鎖（20店規模） 経費の追加削減（役員報酬削減等） 改装投資600億円 （小商圏高占拠型の店舗づくり）

（出所：ダイエーニュースリリース―2000年4月）

この「ダイエーグループ新再生3か年計画」では，さらなる有利子負債の削減と本業回帰が掲げられ，ホテル事業の閉鎖・売却，企業の統廃合等を通じて，グループ企業の削減が進められた。経費削減策としては，約450億円の経費を追加削減すべく，役員報酬の削減，賞与の商品券での支給などが行われた。

財務対策としては，2000年7月にローソンを上場させ，1,840億円を調達した。しかし，上場時の株価が予想に達しなかったことから，同社の上場による資金調達額は予定を1,000億円ほど下回るものであった[4]。

一方，2000年度にはハイパーマート7店舗を含む20店舗が閉鎖されるとともに，改装投資600億円を投じて全店での店舗改装が行われた（食品売場の拡充，外部専門店の導入，PB商品の拡大など）。これらは，2000年3月にマルエツ社長から復帰し代表取締役副社長に就任した川一男によって，「小商圏高占拠型」の店舗づくりを目指して計画されたものであった。

ところが，連結会計における実質支配力基準の導入に伴って債権者区分の悪化を懸念した主力銀行は，ダイエーに対してさらなる構造改革案の策定を要求した。それに応えるため，ダイエーでは，2000年8月から中堅社員約30名を組織化し，率直に経営課題の抽出と対策の検討を行わせることになった。

そこで挙げられた経営課題は，以下の6点であった。すなわち，①ハイパーマート及びKou'sの失敗，②リベートへの依存体質と衣料品売場の陳腐化，③受命構造（指示待ち社員の跋扈），④硬直的な人事制度，⑤不透明な投資意思決定プロセス，⑥ダイエー本体とグループ会社間の不透明な取引構造，これらの６点である。

以下，それぞれについて説明を加えておこう。

① ハイパーマート及びKou'sの失敗

ハイパーマートとKou'sは，1990年代以降，「使命としてのディスカウント」を実現すべく展開された戦略業態であった。しかし，前章でもみたように黒字化せず，ダイエーの業績に悪影響を与え続けていた。その失敗を組織として認識するとともに，ハイパーマートとKou'sの店舗閉鎖や業態転換を提案したものである。

② リベート依存体質と衣料品売場の陳腐化

ダイエーでは，期初に計画されたもの以外にも，期末に大量に商品仕入れを行う対価として，取引先にリベートや協賛金を追加要求することが多かった。決算対策のためである。外部に公表した目標利益額に不足する分をリベート等で埋め合わせようとしたためだが，これらが継続的に行われたことにより，取引先もダイエーを不良在庫の販売先として活用するようになった。その結果，ダイエーには陳腐化した商品が納入され，売場は魅力のないものとなった。

特に衣料品売場では，商品自体の魅力低下に加え，従来から服種別の売場展開が行われていたことも業績不振の要因であった。そこで，取引先からのリベートを廃止することで魅力のある商品投入を復活させるとともに，売場を生活シーンに合わせた商品群（カテゴリー）ごとに括り直すことで，消費者にとってより買い回りのしやすい売場に転換しようという提案である。また，衣料品売場の活性化に向けては，外部資源も積極的に活用していこうという意図も含まれていた。

③　受命構造（指示待ち社員の跋扈）

ダイエーでは，中内社長（当時）をはじめとする上層部の指示を忠実に実行する社員が重宝され，昇進することが常態化していた。中内社長に対して異を唱えた役員がすぐに異動になることもあり，社内の問題点を指摘するには相応の“覚悟”が必要な状態でもあった。このような風土に嫌気が差し，退職した社員もみられたことから，受命構造ともいうべき企業風土の変革を提案したものである。

④　硬直的な人事制度

ダイエーにおける社員のキャリア形成のモデルコースは，縦割りの組織内で経験を積み，昇格試験に合格することをもって一定の役職に就くというものであった。そこには，部門間をまたがった柔軟な人事配置が行われない，昇進基準が固定化し抜擢人事が起こり得ない等の問題があった。そこで，それらを改善するとともに，女性の活躍促進も含めた人事制度の改革を提案したものである。

⑤　不透明な投資意思決定プロセス

ダイエーでは，ハイパーマートやKou'sの出店，ホテル事業や特定の不動産への投資等，採算性に疑問符のつく高額投資が多く行われてきた。これらは，社内の会議に提案されたときにはすでに中内社長（当時）の承認が済んでいたものであり，会議で異を唱えることが難しい状況にあった。

これらをふまえ，投資基準を明確化するとともに，合議制で透明性のある投資意思決定が行われるようにすべきという提案である。

⑥ ダイエー本体とグループ会社間の不透明な取引構造

ダイエー本体とグループ企業間の「甘えの構造」を指摘したものである。グループ企業側ではダイエー本体との取引が中心となるため，労せずして取引が得られ，本体への依存度が高まるという問題があった。一方，ダイエー本体としても，取引に競争原理が働かないうえに，決算期には取引単価・料率のディスカウントをグループ会社に要請するなど，逆にかれらのモチベーションを削ぐような状況もあった。

このようなグループ経営体質を変革し，グループ会社が自立できるような体制の整備を提案したものである。

また，これらの課題を改善すべく中堅社員たちによって提案された経営改善策は，以下のようなものであった。

① 店舗は，食品とドラッグを中心商材としたスーパーマーケットに転換し，その他の売場は専門チェーンへの売場貸しを行う。
② 過度に売上高を追求せず，物流改革と在庫圧縮を通じて売上総利益高で前年ベースの実績を確保する。
③ 取引先からのリベート依存体質から脱却し，長期滞留在庫を一掃する。
④ 過度の安売りを中止し，ハイパーマート，Kou'sからは撤退する。
⑤ ダイエー本体とグループ企業間に明確な取引基準を定める。

これらの経営改善策では，内製主義（自前主義），売上規模の追求，ディスカウント志向など，これまでのダイエーが依拠した経営方針からの脱却が企図されていた。グループ内優良事業の売却に伴い，ダイエー単体の営業改善が必須となったダイエーに対して，小売事業戦略の抜本的な見直しを提案したのである。

ダイエーでは，これらの施策を「フェニックス・プラン」と名づけ，鳥羽社長，川・佐々木両副社長の承認を得て，具体的な実行計画に落とし込むことにした。

ところが，ここで思わぬ事態が発生する。2000年10月，グループ内の上場会社であるダイエー・オーエムシー（当時）株式に関するインサイダー取引疑惑が発覚し，鳥羽社長と川副社長が退任し，中内会長も辞任（最高顧問に就任）するという混乱状態となったのである。

ダイエーでは，経営者不在という異常事態を避けるべく，急遽佐々木副社長が社長代行に就任し，同時に，リクルートに転出していた元取締役の高木邦夫が社長含みで顧問に就任した。

この混乱により，小商圏高占拠型の店舗づくりを目指して陣頭指揮を執っていた川副社長が退任したことが，ダイエーにとっては営業面での大きな痛手となった。

⑷ ダイエーグループ修正再生３か年計画

顧問に就任した高木は，2000年11月に「ダイエーグループ修正再生３か年計画」を公表する。これは，いわゆる“お家騒動”の正常化と高木新体制の告知を主な目的としたものであった（**図表２－６**）。

まず，経営陣が大幅に刷新された。2001年１月の臨時株主総会を通じて高木が代表取締役社長に就任し，会長には経済産業省から雨貝二郎が，副社長には佐々木に加え，新たに営業担当として元ダイエーの平山敞が就任した。同時に，創業者である中内㓛が取締役を退任し，名誉職であるファウンダーに就任した。

ダイエー単体の損益改善に向けては，さらなる赤字店の閉鎖に加え，総合スーパー業態の売場構成を改善すべく，店舗改装を行うこととした。そこでは，中堅社員たちからの提案をふまえ，ダイエーとして強みのある商

[図表２－６] ダイエーグループ修正再生３か年計画

公表時期	計画主体	目　　的	手　　法
2000年 11月	高木顧問 （社長）	経営的混乱の収拾 実質連結基準対応	経営陣の刷新 赤字店閉鎖（32店舗） 改装投資300億円 （生活シーンに応じた売場の再編成） 人員削減（グループで4,000人規模） グループ全社連結 金融支援要請 （優先株式1,200億円） （コミットメントライン5,000億円）

（出所：ダイエーニュースリリース―2000年11月）

品カテゴリー（食品，ドラッグ，肌着，日用雑貨等）を中心に，消費者の生活シーンに合わせて売場を再編成することが目指された。

また，この修正再生３か年計画における人員削減は，ダイエー単体を含め，グループ企業全体で4,000人という大規模なものであった。

一方，金融資産の時価評価によってダイエー株式を分散保有していたグループ各社では，株価の継続的な下落によって財務体質が悪化していたが，実質支配力基準に基づきグループ全社を連結対象としたところ，連結で債務超過に転落する事態が見込まれた。そのため，債務超過の回避に向け，主力４行に対して1,200億円の優先株式の引き受けと資金繰り安定化のために5,000億円のコミットメントラインの設定を要請することとなった。

しかし，この金融支援要請によって主力銀行の影響力が大幅に拡大した。主力銀行が，債権者のみならず株主としての発言力も持つようになったからである。この時点でダイエーによる自主再建が実質的に消滅したともいえた。

また，この2000年度は，ダイエー単体の売上高が２兆円を下回り，同時期に売上高が２兆円を上回ったセブン-イレブンに小売業売上高第１位の座を明け渡すという象徴的な年でもあった。

この年，プロ野球の福岡ダイエーホークスはパシフィック・リーグ２連覇を果たし，前年度に引き続いて全店で優勝セールが行われた。それでも，経営陣の混乱等による企業イメージの低下は大きく，2000年度の既存店売上高前年比は91.8％とさらに低調な状況へと落ち込んでいったのである（**図表２－７**）。

ここで，自主再建期間である1998年から2000年までのダイエーの売上高と経常利益の状況（単体・連結）についてまとめておこう（**図表２－８，２－９**）。

この時期，ダイエー単体の売上高は店舗閉鎖や既存店の不振によって漸減するが，連結売上高は，ローソンの売上拡大が貢献し，３兆円前後を維持していた。また，経常利益については，ダイエー単体では低調な状況が続き，連結でも持分法適用会社であるダイエー・オーエムシー（当時）の

［図表２－７］既存店売上高前年比の推移
（単体，1998～2000年度，単位：％）

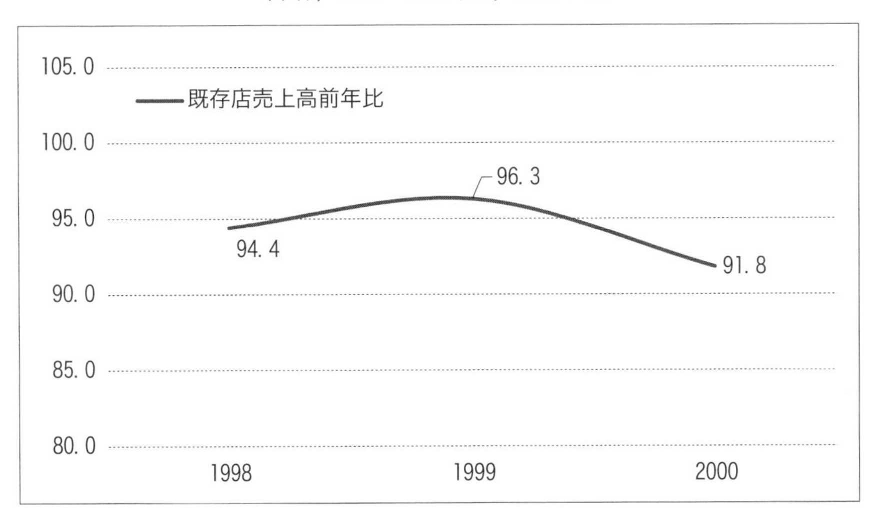

（出所：ダイエー決算発表資料各年版）

[図表２－８] ダイエーの売上高の推移
(単体・連結，1998～2000年度，単位：億円)

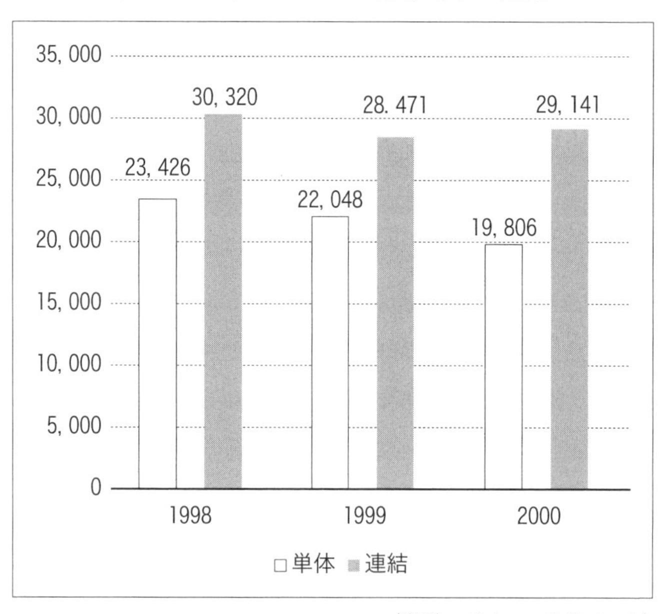

(出所：ダイエー財務データ)

不良債権（法人向け）処理等により，1999年度には－332億円と大幅な赤字を計上した。

⑸ 自主再建：不調の構図

1997年度に単体・連結経常赤字に陥ったダイエーの自主再建が不調に終わった要因は，ここまでみたように，①総合スーパー事業からの撤退を含む抜本的な事業構造改革が見送られたこと，②有利子負債の削減に向け，グループの優良事業が優先的に売却されたこと，③総合スーパー事業の改善が不調に終わり，それがさらなる株価の下落を招いたこと，これらの３点からとらえることができる。

自主再建に取り組んだ1998年度時点では，ダイエーには，まだ好業績の

［図表2-9］ダイエーの経常利益の推移
（単体・連結，1998～2000年度，単位：億円，%）

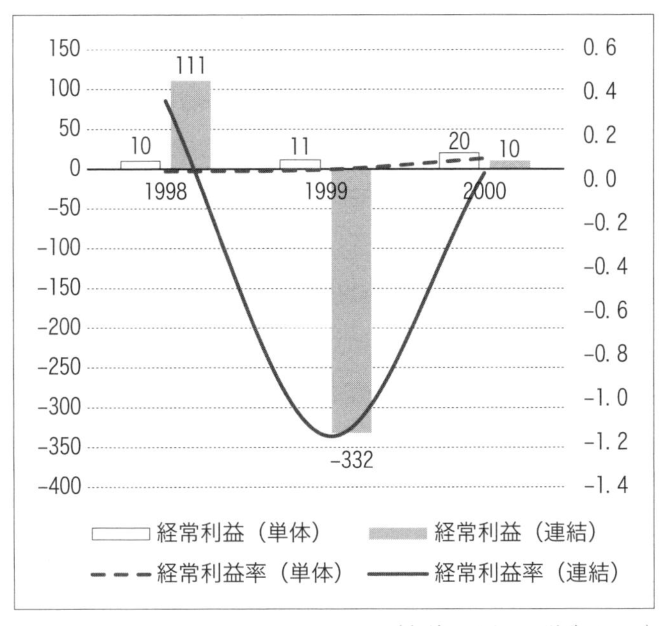

（出所：ダイエー財務データ）

グループ企業が存在した。ローソン，リクルート，ダイエー・オーエムシーなどが代表的なものであった。その他にも，マルエツ，セイフーなど食品スーパーを展開する企業も良好な業績を上げていた。1998年時点でのそれら各社の営業利益額（概算）は，ローソン330億円，リクルート300億円，ダイエー・オーエムシー100億円，マルエツ50億円ほどであった[5]。

しかし，中内社長（当時）を筆頭に，ダイエーには総合スーパー事業への思い入れが強く，それ以外の事業を中心とした体制へと抜本的な事業構造転換を図ることはできなかった。

また，鳥羽董が社長に就任した1999年以降には，ローソンとリクルートが有利子負債の削減原資として活用されることになった。いわゆるクレジットクランチ以降，主力銀行から厳しい債務弁済要請を受けるなか，それ以外の選択肢があったかは不明である。しかし，それらの事業が，ダイエーにとって新たな事業の柱となり得る可能性を持つものであったことも確かであった。

結果的に，有利子負債削減のために優良事業の売却を決定したダイエーは，改めて本業である総合スーパー事業の再建に取り組まざるを得ない状況となった。ダイエー株式を分散保有するグループ企業にとっても，金融資産の時価評価が求められるなか，総合スーパー事業の再建とダイエーの株価上昇は喫緊の課題であった。

しかし，総合スーパーの再建は困難であった。1998年度から2000年度まで，中内潤副社長，鳥羽社長，髙木社長と経営陣の顔ぶれが１年ごとに変わったことも抜本的な営業対策を採りえなかった要因のひとつであろう。

なかでも，川副社長（当時）退任の影響は大きかった。それによって，食品を強化した小商圏高占拠型の店づくりを目指すという方向性が失われたからである。そのため，自主再建期に実行された営業施策は，出店凍結，赤字店の閉鎖，食品売場を中心とした店舗改装等に留まらざるを得なかった。総合スーパー業態を変革するような新たな打ち手を見出すことはできなかったのである。

その結果，ダイエーの業績はさらに悪化し，株価も一段と下落した。会計制度の変更に伴い実質支配力基準での連結決算が求められたダイエーにとって，連結での債務超過を回避するためには，もはや主力銀行への金融支援を要請するしか残された道はなかったのである。

3　主力銀行主導の再建

2000年11月に公表された「ダイエーグループ修正再生３か年計画」によ

って優先株式を引き受けた主力銀行は，債権者のみならず株主としてもダイエーの再建に大きな影響力を行使することになった。特に，不良債権問題への対応を迫られていた主力銀行にとって，ダイエーへの多額の債権を不良債権化させないことは必須条件であった。

このような背景から，主力銀行はダイエーの経営に深く関与した。したがって，高木が社長に就任した2001年度から，ダイエーが産業再生機構の支援を受け入れる2004年度までの4年間は，主力銀行主導の経営再建ともいうべき状況にあった。

しかし，ここでもダイエーの再建は不調に終わり，ダイエーは産業再生機構の活用に至る。なぜ，ダイエーはそのような状況に至ったのか。本節では，その要因を(1)ダイエーにおける営業政策の混乱，(2)主力銀行への債権正常化圧力，これらの2点からとらえることとしたい（**図表2-10**）。

なお，ダイエーが産業再生機構の活用に至った背景については，金融庁，経済産業省，支援企業候補など，多くの利害関係者の思惑が交錯したプロセスとしてジャーナリスティックに取り上げられる場合も多かった。しかし，ここではそれら利害関係者の思惑や駆け引きには深入りせず，あくまでも主力銀行主導下でのダイエー再建が不調に終わり，産業再生機構の活用に至った主要なストーリーに焦点を当てる。

以下，ダイエーが産業再生機構の活用に至った2つの要因について，それぞれみていこう。

(1) ダイエーにおける営業政策の混乱

銀行主導下での経営再建とはいえ，主力各行は，営業政策に関してはダイエーの自助努力に期待をかけた。銀行サイドは小売業の経営ノウハウに乏しいからである。しかし，ダイエーは営業政策面の混乱，すなわち，度重なる営業方針の変更から，その期待に応えることができなかった。

［図表 2 -10］ダイエーが産業再生機構活用に至る構図

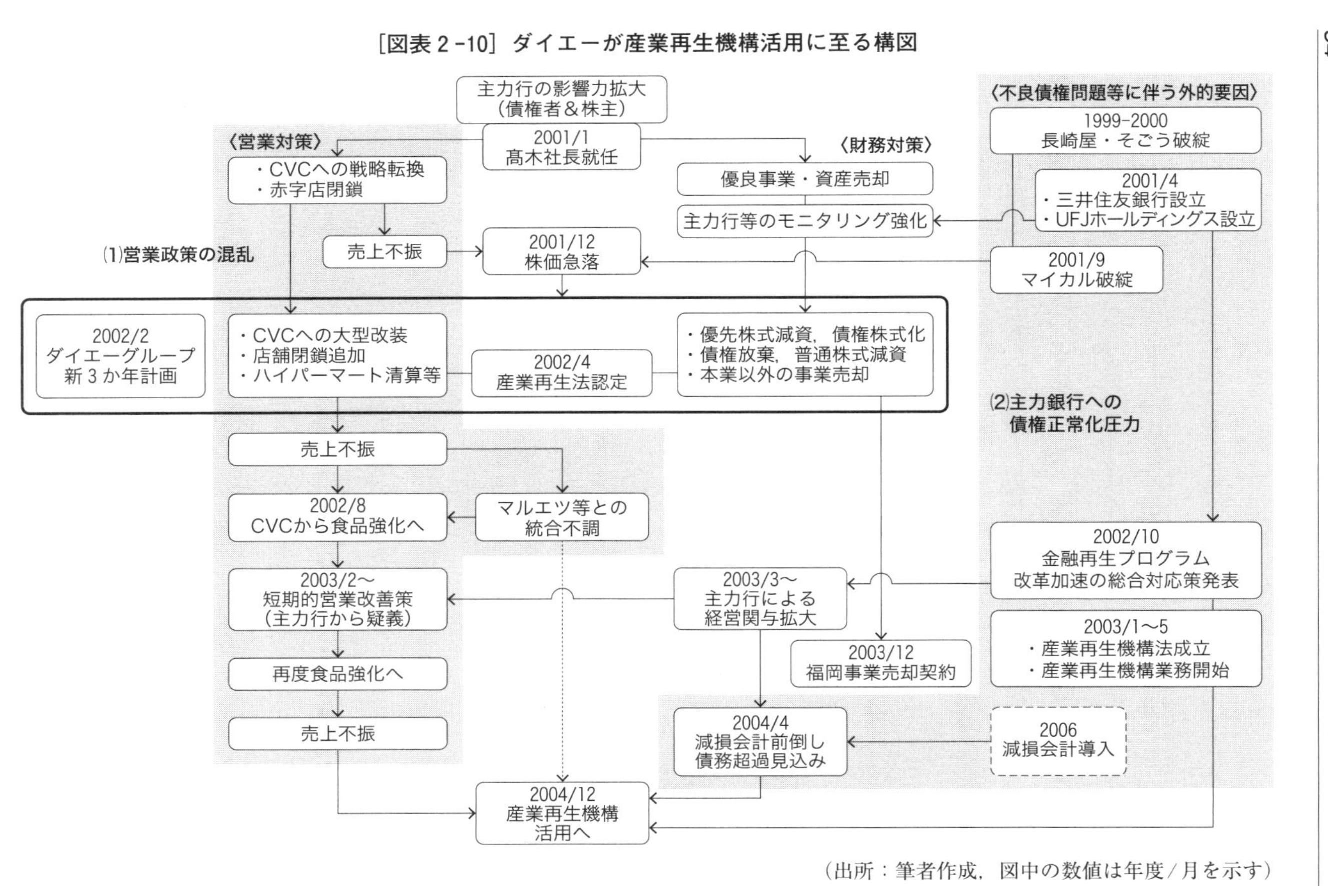

（出所：筆者作成，図中の数値は年度／月を示す）

そもそも，ダイエーでは，中堅社員を巻き込んで2000年８月に策定した「フェニックス・プラン」において，「店舗はスーパーマーケット（食品とドラッグ）を中心とした展開」とすることが決定されていた。ところが，中内会長，鳥羽社長らの退陣という混乱を受けて社長に就任した高木が打ち出したのは，「カテゴリーバリューセンター（以下，CVC）」構想だったのである。

CVCとは，食品，ドラッグ，雑貨等のカテゴリーにおいて専門店型の店内店舗（カテゴリーショップ）を展開しようとするものである。

しかし，そのCVCはダイエーの営業改善に貢献しなかった。そこで，ダイエーでは再度食品強化の方針が打ち出されるが，2003年度から新たに専務取締役営業統括に就任した遠藤隆夫（丸紅畜産専務，元ダイエー物流本部長）は，それに反してCVCの継続や撤退していた大型家電売場の復活などを打ち出していく。いずれも，短期的な営業改善を狙ったものであ

［図表２-11］ダイエーの既存店売上高前年比の推移
（単体，2001～2004年度，単位：%）

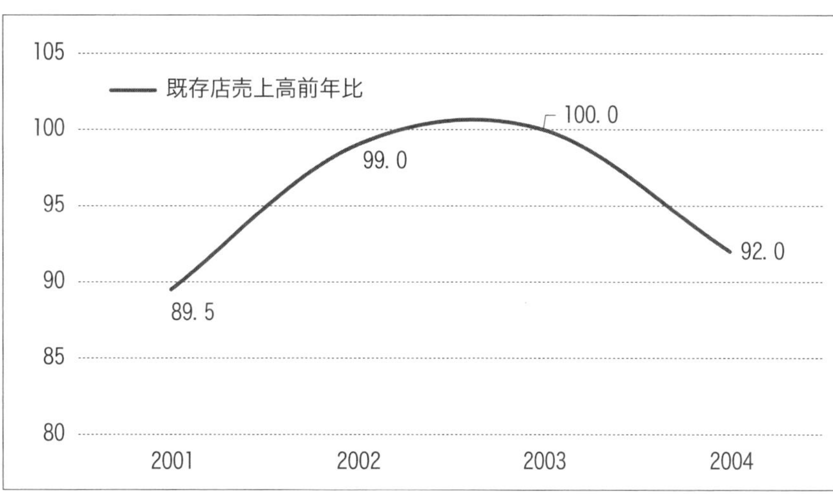

既存店売上高前年比
105
100
95
90
85
80
89.5
99.0
100.0
92.0
2001
2002
2003
2004

（出所：ダイエー決算発表資料各年版）

ったが，このような施策を実行した結果，全社的な戦略方向性と現場での打ち手に齟齬が生じ，社内は混乱した。

このような営業方針の度重なる変更の結果が，2001年度から2004年度のダイエー単体における継続的な既存店売上高の不振である（**図表２-11**）。

2004年度には主力銀行がダイエーに産業再生機構の活用を促すが，その理由のひとつが「営業改善への青写真なし」というものであった[6]。2001年度から2004年度のダイエーは，そう指摘されるのもやむを得ない状況だったのである。

ちなみに，遠藤が営業統括に就任した2003年度に既存店売上高前年比が100％と前年を維持したのは，後述するように，店舗の営業時間延長やプロ野球福岡ダイエーホークス（当時）の優勝セール（リーグ優勝・日本一）の貢献等によるものであった。

以下，2001年度から2004年度までのダイエーにおける営業政策の推移についてみていこう。

① CVC（カテゴリーバリューセンター）の展開

2001年１月に社長に就任した髙木は，営業改善に向け，副社長（営業統括）の平山敞をはじめ，1980年代初頭の業績改善活動（Ｖ革）で主導的な役割を果たしたメンバーを招聘した。Ｖ革戦士と呼ばれたかれらが，営業改善のために企画した総合スーパーの再生プランがCVCであった。

CVCとは，2000年11月に公表した「ダイエーグループ修正再生３か年計画」において提唱されていた「食品スーパーへの転換」という大方針を転換し，食品とドラッグに資源を集中させるのではなく，衣料品，雑貨等を含めて多様な専門店型の店内店舗（カテゴリーショップ）を自社で展開しようとするものであった。

これは，髙木らが参画したＶ革後の1980年代後半に好調だったトスアッ

［図表２-12］代表的なカテゴリーショップ

ショップ名	取扱い商品
PAS（パス）	カジュアルベーシック衣料
Red Woods（レッドウッズ）	ジーンズカジュアル衣料
footplus+（フットプラス）	シューズ
D. Fit（ディーフィット）	ドラッグ・健康関連用品
touch（タッチ）	自転車
FRANZ（フランツ）	マタニティ・ベビー関連用品
X. POWER. SUITS STORE （クロスパワースーツストア）	スーツの２プライス展開
ホームワールド	家具・インテリア用品
ザ・ステーショナリー	文房具
愛着仕様	ナチュラル系の衣料・住居関連用品

（出所：ダイエー2002年事業報告書）

プ（若年男性向け衣料品ショップ），ロリポップ（同女性向け衣料品ショップ），愛着仕様（ナチュラル系の衣料・住居関連用品ショップ）などの再現を目論んだものであった。**図表２-12**にあるように，カジュアル衣料の「PAS」，ジーンズ等の「Red Woods」，シューズの「Foot+」，ドラッグの「D.Fit」などが代表的なものであった。

高木は，ダイエーの立て直しに向け，「フェニックス・プラン」の策定に関わった中堅社員たちを登用せず，V革当時に活躍したメンバーを中心に経営陣を編成した。平山の他，取締役ソフトライン本部長の高橋和男，取締役社長室長の佐藤純などである。

このような経営体制を取ったことが，2000年度に中堅社員たちが策定した「食品スーパーへの転換」（及びそれ以外のカテゴリーの専門店チェーンへの売場貸し）という業態戦略が変更され，総合スーパーの復活版ともいえるCVC化が推進された背景にある。

2001年度には48店舗がCVCへと改装されたが（延べ457ショップ展開），それらの店舗では概ね売上高が前年度を上回り，営業改善には一定の効果が認められた。

また，2001年度からは，高木の指示のもと，顧客サービスの向上に向けた取り組みも行われた。本部にカスタマーサービス推進本部を設置するとともに，各店舗に顧客サービス担当副店長が配置された。また，ポイントカードにより顧客情報を取得・分析する試みも開始された。これらの取り組みは，顧客志向という基本姿勢を改めて売場に取り戻すためのものであった。

このような取り組みにもかかわらず，CVCへの改装効果は長続きしなかった。改装オープン当初は興味本位で来店した消費者も，他の専門チェーンと比較購買をするなかで徐々に利用頻度が下がっていったのである。

また，2001年８月には，「PAS」が自社店舗に酷似しているとして，ファーストリテイリング（ユニクロ）から不正競争防止法に基づき店舗の内装・外装の使用中止を求める仮処分を申し立てられる事態ともなり，ダイエーのイメージは低下した[7]。

ダイエーが専門店型のカテゴリーショップ方式で成功した1980年代とは異なり，2000年代には，多くの専門チェーンが機動的なサプライチェーンを含む新たなビジネスモデルを築き上げていた。売場は模倣できても，商品の開発ノウハウや物流・店舗オペレーションの確立には時間がかかる。CVCが他の専門チェーンと比べて中・長期的な競争力に劣ることは明らかであった。CVCの成果は一時的なもので，2001年度通期の既存店売上高前年比は，89.5％という非常に低調なものとなった。

それでも，後述する「ダイエーグループ新３か年計画（修正案）」（2002年２月公表）においてCVCの深耕が掲げられていたこともあり，2002年度に入っても，ららぽーと（船橋），津田沼などの大型店がCVCに改装された。

しかし，2002年５月から３名に増員された主力銀行からの取締役を中心にCVCへの疑問が提示され[8]，ダイエー内部では，再度「食品強化」への流れが形成されていった。

②　マルエツ等との統合計画

2002年度に入っても営業状況は改善せず，９月からは社長の高木が営業統括を兼務する体制となった。同時に，2002年２月の「ダイエーグループ新３か年計画（修正案）」の公表に伴い，副社長から専務に降格となった平山の活動範囲が縮小された。

その新体制下において検討されたのが，グループの上場会社であるオーエムシー・カード（2002年９月より社名をダイエー・オーエムシーから変更）やマルエツを活用したダイエーの資本増強策であった。

まず，ダイエー，マルエツ，オーエムシー・カードの３社統合が検討された。これは，大型店事業，食品スーパー事業，クレジット事業を統合的に展開しようとするもので，丸井に食品スーパーを加えたような事業形態がイメージされていた。

しかし，オーエムシー・カード経営陣からの反対があり，ダイエーはマルエツとの２社統合へと方針を転換した。株主資本の小さいマルエツを存続会社とすることによって生じる合併差益を活用しようという発想であった。

しかし，この統合案も主力銀行をはじめとするステークホルダーの反対から断念することになる。まず，主力銀行の一端を占め，2002年に富士銀行・第一勧業銀行等との統合・再編により発足したみずほ銀行は，マルエツの主力銀行でもあった。もしダイエーとマルエツとの統合が実現すれば，みずほ銀行のダイエー向け債権が一気に増加することになる。みずほ銀行にはそれを避けようという思惑があった。

また，当時マルエツの株式を30％弱所有していた丸紅も，試算された合併比率によると統合会社の20％近くの株式を所有する筆頭株主に躍り出ることが予想された[9]。丸紅も，このような立場に二の足を踏んだのである。

しかし，それ以上に，ダイエーとマルエツとの統合には必然性が認められなかった。マルエツの時価総額はすでにダイエーを上回っており，食品スーパーの成長性からしても，不振店の多いダイエーをマルエツが抱え込むことは合理的でなかったからである。

CVCの不振を受け，2002年にこのような統合案が検討されたことは，当時のダイエーに営業改善に向けた閉塞感があったことの現れである。起死回生ともいうべきマルエツとの統合案が頓挫したことが，のちに産業再生機構の活用にいたる遠因ともなった。

それでも，これらの統合計画の検討を経て，ダイエーではマルエツとの提携を通じた食品強化の方向性が再度打ち出されることになる。この2002年度も，既存店売上高前年比は99.0％に留まり，「ダイエーグループ新３か年計画」の初年度も営業状況は回復しなかった。

なお，2002年度には，その計画にしたがって，55店という大量の店舗閉鎖が行われた。この店舗閉鎖によって，ダイエーはハイパーマート（17店舗閉鎖），Kou's（４店舗閉鎖）からは完全に（2002年度末に会社も清算），またトポス，Ｄマート等のディスカウント型の店舗からもほぼ撤退することになった。

この2002年度は，イオン単体の売上高がダイエーのそれを上回り，イオンがスーパー業界で初の売上高第１位となった年でもあった。

③　短期的営業改善策の実施

ダイエーは，食品強化の方針のもとに，2003年3月にマルエツ社長の吉野平八郎を招聘する（2003年5月より副会長に就任）。同時に1980年代にダイエーのトポス（ディスカウント業態）を統括していた遠藤隆夫（丸紅畜産専務）が専務に就任し，営業統括として吉野を補佐することになった（専務の平山は退任）。遠藤の招聘は，吉野の意向によるものであった。

ところが，ここでも営業政策が混乱する。営業統括に就任した遠藤は，CVCの継続展開，撤退していた大型家電やスポーツ用品売場の復活，ユニクロやマクドナルドなど外部テナントの積極導入などを打ち出していく。遠藤は，食品強化の方向性を認めながらも，それ以外の商品分野で短期的な営業改善を目指した施策を多く展開したのである。

このような遠藤の姿勢は，主力銀行から派遣された取締役たちとの衝突を生み，遠藤は1年で退任する。

④　食品強化への取り組み

営業政策に混乱はみられたものの，2003年度からは，食品強化という大方針のもとに，いくつかの施策が実行に移された。例えば，店舗の運営を東西に分割して地域性を重視した体制を取る，マルエツから店長を受け入れて店舗オペレーションの改善に取り組む，小型の総合スーパーを食品スーパーに転換するなどの施策である。

営業面では，消費者のライフスタイルの変化をふまえ，同年上期から実施された営業時間の延長が効果を上げた。26店舗で24時間営業，104店舗で23時までの営業時間延長を行ったが，それが売上を押し上げたのである。また2003年10月には，プロ野球の福岡ダイエーホークス（当時）が優勝（リーグ優勝・日本一）したことで，優勝セールによる売上の上積み効果もあった。

2003年度に既存店売上高前年比が100％と久々に前年実績を確保したのは，これらの要因によるものである。既存店売上高の持ち直しもあり，この2003年度には，経常利益（連結）も再建計画の目標数値を達成し，315億円を記録した（**図表２-13**，単体の経常利益は166億円，なお，連結経常利益315億円のうち約100億円はオーエムシー・カードの寄与分）。

しかし，食品強化への取り組みが成果として定着するには時間がかかる。2004年度から，小型家電の取り扱い再開，店内100円ショップの展開，総合スーパー店舗に対する売上規模別の営業管理体制の構築などの追加施策が取られたものの，ダイエーの先行きに関する厳しい報道等による顧客離れの影響が大きく，2004年度の既存店売上高前年比は92.0％と，前年の反

［図表２-13］ダイエーの経常利益率の推移
（単体・連結，2001～2004年度，単位：億円，％）

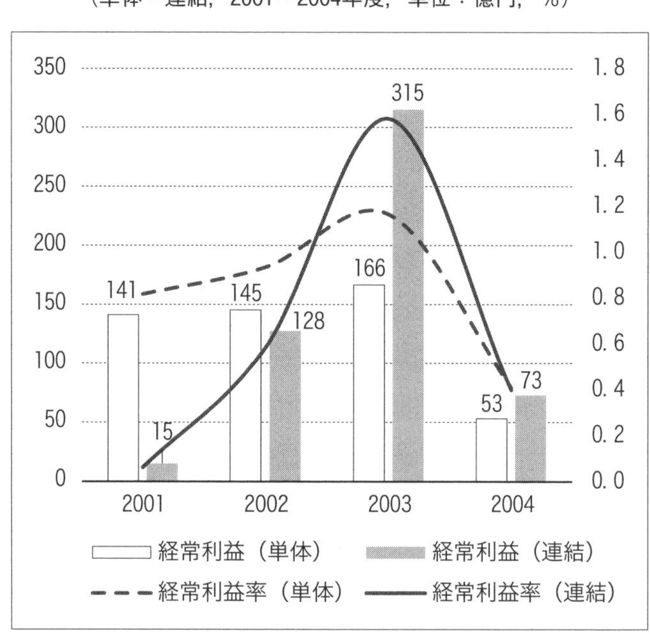

（出所：ダイエー財務データ）

動もあって再び水面下へと沈むのである。

(2) 主力銀行への債権正常化圧力

高木が社長に就任して以降，2000年11月に公表された「ダイエーグループ修正再生３か年計画」にしたがって，赤字店閉鎖や人員削減を含む経費削減は予定通りに進められていった。

また，有利子負債の削減と店舗撤退損失の穴埋めのため，優良資産や黒字事業の売却が進められた。この時期の主な事業・資産売却案件は**図表２-14**に示されている。これまでの事業拡大過程で取得された不動産や株式等の多くが，この時期に売却された。

この時期の有利子負債額及び売上高の推移は**図表２-15**，**図表２-16**に示されている。2000年度に２兆円を超えていた有利子負債が，事業売却等を通じて１兆5,000億円以下にまで削減された。グループ内のクレジット事業（オーエムシー・カード）を除けば，2004年度の有利子負債残高は約１兆円であり，2002年２月に公表された「ダイエーグループ新３か年計画（修正案)」における有利子負債額目標（9,000億円）にほぼ見合う実績となっていた。

しかし，それでもダイエーは産業再生機構の活用へと追い込まれる。そこには，「大きすぎて潰せない」といわれたダイエーでさえ抗えない大きな流れが形成されていたのである。

以下，不良債権問題への対処や金融再編への動きなどをふまえ，ダイエーが産業再生機構の活用へと至るいまひとつの過程についてみていこう。

① 金融再編とモニタリング体制の強化

ダイエーにおいて債務削減が進められる一方で，不良債権問題の深刻化やいわゆる金融ビッグバン等の影響から，ダイエー再建にかかわる主力銀

[図表2-14] 2001～2003年度におけるダイエーの事業・資産売却

時期（年/月）	案　件	売却額（億円）
2001/3	マルエツ株式	40
2001/7	ダイエー情報システムズ	15
2001/8	高島屋株式	108
	プランタン銀座	70
2001/10	横浜ドリームランド	88
2001/12	オレンジページ	85
	ダイエーロジスティックシステムズ（CVS部門）	50
2002/1	マルコー	150
	エー・エス・エス（警備業）	35
	ダイエー銀座ビル	64
	リッカー会館（銀座OMCビル）	96
2002/2	ダイエー・オリンピック・スポーツクラブ	35
	ラス・コーポレーション（人材派遣業）	21
2002/4	イチケン（建設業）	4
2002/7	キャプテン・クック（給食業）	1
2002/12	ウェンディーズ	46
	ビッグボーイ	87
	ハブ（パブレストラン）	10
2003/2	新浦安オリエンタルホテル他4ホテル	500
	エックスワン（通販）	10
	丸専（運送業）	5
2003/6	ローソン株式　※市場売却	180
2004/2	新神戸オリエンタルホテル	125

（出所：ダイエー事業報告書及びニュースリリース，（　）内は筆者追記）

[図表２-15]　ダイエーの連結有利子負債額の推移
（2001～2004年度，単位：億円）

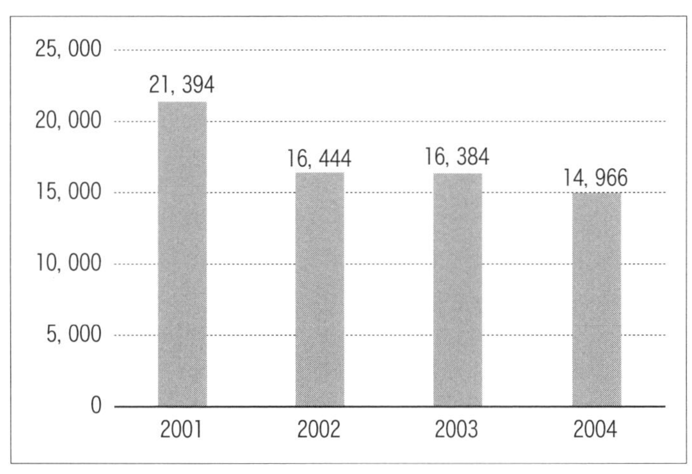

（出所：ダイエー財務データ）

[図表２-16]　ダイエーの売上高の推移
（単体・連結，2001～2004年度，単位：億円）

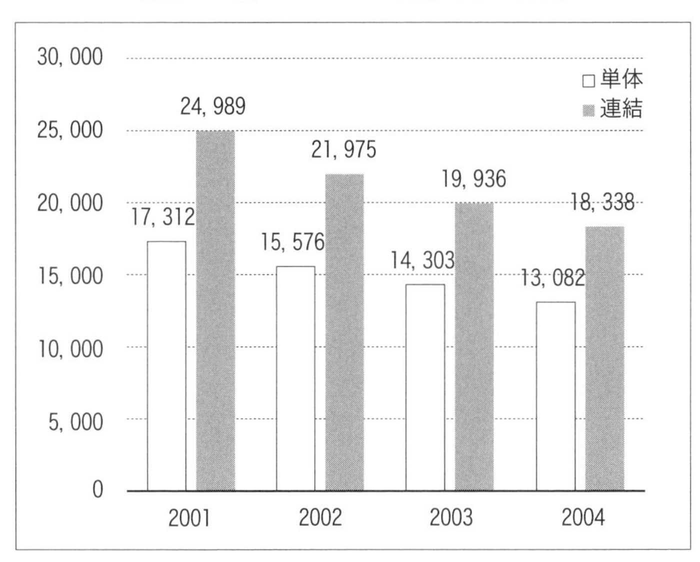

（出所：ダイエー財務データ）

行は激動の時期を迎えていた。

不良債権問題は，1990年代の後半以降，大手金融機関の破綻や廃業，ジャパン・プレミアムの発生などを伴いながら深刻化していた。景気の低迷もあり，銀行全体での不良債権額が最大となるのが2002年9月期のことであった[10]。

そこに，BIS（Bank for International Settlement）規制が加わり，各行とも不良債権処理に苦慮する状況にあった。かれらが直面したのは，不良債権を処理しようとすれば自己資本が減少するというジレンマである。いわゆる貸し渋り，貸しはがし等が問題視されたのもこの頃であった。

このような状況のなか，金融ビッグバンに伴う金融持株会社の解禁により，大規模な金融再編が進展した。2001年4月には，住友銀行とさくら銀行との合併による三井住友銀行，三和・東海銀行等によるUFJホールディングス，東京三菱銀行と日本信託銀行等による三菱東京フィナンシャルグループが発足した。その後，2002年1月には三和・東海銀行の合併によりUFJ銀行が発足し，2002年4月には，第一勧業銀行・富士銀行・日本興行銀行の3行が，みずほ銀行・みずほコーポレート銀行へと統合・再編されることとなった。

この大規模な金融再編が，ダイエーに対しても大きな影響を及ぼすことになる。すなわち，ダイエーの主力銀行がそれまでの4行並列体制（住友，三和，東海，富士）から3行になると同時に，UFJ銀行がダイエーに対して突出した債権を保有する存在となったのである。

不良債権問題への対応が迫られる主力銀行は，この金融再編を経て，ダイエーに対してUFJ銀行を中心としたモニタリング体制を強化した。

2001年1月から，三和銀行（当時）の清野真司が取締役として企画統括副担当に就任するとともに，住友，富士，東海（いずれも当時）からもそれぞれ1名が経営企画本部やグループ事業改革本部等の基幹部署に副本部長として就任した[11]。当時，ダイエーは過剰債務企業の象徴とみなされていたこともあり，主力銀行が一体となったモニタリング体制が敷かれたのである。

それでも，営業改善のみられないダイエーの株価は継続的に下落し，2001年９月に米国の格付け会社ムーディーズがダイエーの無担保長期債の格付けを引き下げたこともあって，ダイエーへの信用不安が高まった[12]。ダイエーの株価は，2001年９月25日にはストップ安の94円に，12月には60円台にまで下落した。

このようなダイエーに対する信用不安，株価下落には，2000年２月の長崎屋，同年７月のそごう，2001年９月のマイカルなど，過剰債務を抱えた大手小売企業の経営破綻が影響を与えていたことはいうまでもない。

②　ダイエーグループ新３か年計画の策定

ダイエーの信用不安に対し，UFJ銀行を中心とする主力銀行は，ダイエーに対して抜本的な経営再建策の再策定を要求した。また経済産業省も，2001年12月に産業活力再生特別措置法（産業再生法）の申請を促した。

産業再生法の申請には，３年以内の事業リストラクチャリング計画を策定し，計画最終年度には有利子負債を10年以内に返済できる水準にまで経営改善すること等を示す必要があった。それでも，産業再生法を活用すれば，銀行は債権放棄分を損金参入できるとともに，銀行による５％以上の株式保有が例外的に認められるため，債務の株式化が実施しやすくなる等のメリットがあった[13]。

そこでダイエーは，産業再生法の活用を前提に，2002年１月に急遽「ダイエーグループ新３か年計画」を発表する。しかし，根本的な問題解決にはつながらないとして市場の反応は鈍かった。50店規模の店舗閉鎖では不充分ではないか，支援額が4,200億円ではリストラ費用で吸収されて店舗

[図表２-17]「ダイエーグループ新３か年計画（修正案）」の概要

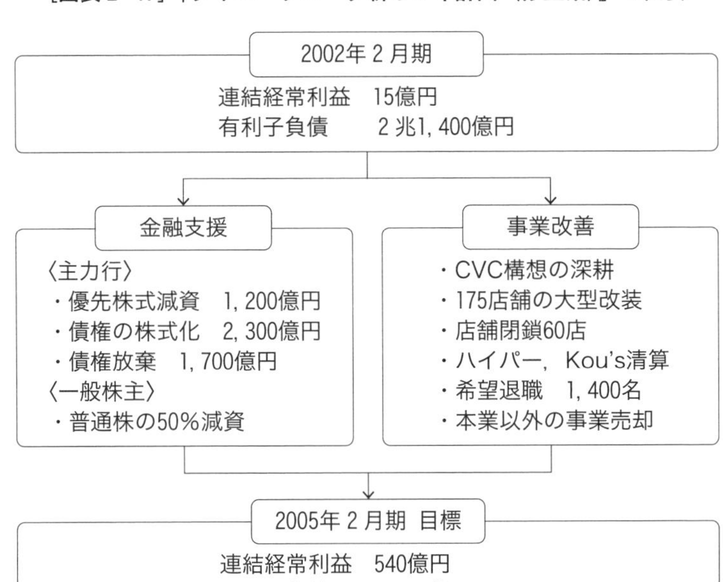

（出所：『日本経済新聞』2002年２月19日，２月26日等より作成）

や商品力強化など前向きな投資に資金が回らないのではないかというのが当時の市場の評価であった[14]。

そこで，経済産業省からの要請もふまえ，主力銀行からの金融支援額を1,000億円上積みすることで，翌２月に「ダイエーグループ新３か年計画（修正案）」として公表した。その概要は**図表２-17**の通りである。

この「ダイエーグループ新３か年計画（修正案）」では，主力行による1,700億円の債権放棄に加え，2,300億円の債務の株式化が盛り込まれている。

当時のダイエーの株価をもとに試算すると，2,300億円の債務の株式化は，ダイエーの時価総額の３倍以上にのぼるものであった。2002年２月時点のダイエーの株価は100円前後で推移しており，それに当時の発行済株式数（714百万株）を乗じると，ダイエーの時価総額は約700億円に過ぎなかったからである。

主力銀行としては，ダイエーの再建が不調に終わった場合，それらを消却せざるを得ないという大きなリスクを抱え込むことになったのである。かれらによるモニタリング体制が強化されるのも，やむを得ない状況であった。

この「ダイエーグループ新３か年計画（修正案）」の策定に伴い，追加金融支援や株式併合の責任を取って，雨貝，平山，佐々木の３名が代表権を返上し，平山と佐々木は副社長から専務に降格した。また，この計画をふまえ，店舗閉鎖，人員削減，事業売却，資産の時価評価対応等で特別損失を4,650億円計上したことから，2002年２月期のダイエーの連結最終利益は－3,325億円となった。

そして，2002年５月には，UFJ銀行からの清野（取締役）に加え，三井住友銀行から小川博幸が，みずほ銀行から木原幹雄が新たに取締役に就任した。

この頃，社長の高木は「自分の時間軸が使えなくなった」と漏らしていた[15]。不良債権問題や金融再編の渦中で，ダイエー再建に関する主力銀行の関与がより強くなっていたことが窺える発言である。

③　主力銀行による経営関与拡大と問題処理の加速

主力行の対応にさらに影響を与えたのが，2002年10月に発表された「金融再生プログラム」と「改革加速のための総合対応策」であった[16]。

「金融再生プログラム」は，経済財政政策・金融担当大臣であった竹中平蔵（当時）が総合デフレ対策の一環として打ち出したもので，大手銀行に対して資産査定を強化するとともに，2004年度（2005年３月）までに不良債権の半減を求めるものであった。また，「改革加速のための総合対応策」では，産業再生・雇用対策戦略本部と産業再生機構の設置が求められていた。この2002年を契機として，不良債権処理スキームと企業再生スキームを両輪とした抜本的な不良債権対応が開始されたのである。

これらの動きをふまえ，2003年１月には産業再生機構法が成立し，同年５月から産業再生機構が業務を開始する。産業再生機構の設立は，不良債権処理の加速が求められ，かつダイエーへの多額の債権を抱える主力銀行にとって，ダイエー問題の受け皿が整えられたことを意味していた。

不良債権処理及び企業再生スキームの確立と並行して，ダイエー内部では主力銀行による経営関与が拡大していった。

UFJ銀行から派遣されていた清野は2003年３月には常務取締役（新３か年推進副担当）に，2004年３月には専務取締役（企画統括）に昇格した。また，2004年５月にはUFJ銀行からさらに１名の取締役（伊東孝之）が就任するとともに，小川博幸（三井住友銀行）と木原幹雄（みずほ銀行）が常務取締役（それぞれ商品企画本部長，グループ事業本部長）に就任した。ダイエーにおける主要ポストが，主力銀行からの派遣メンバーによって占められる事態となったのである。

その後，ダイエーは，2006年度から導入が義務付けられる減損会計を前倒しで実行することを含む中長期計画の策定を開始した。その結果，店舗の減損処理を行うと債務超過に陥ることが予想されたため，主力銀行に対して３度目の金融支援（2,500億円規模）を要請せざるを得ない状況に追い込まれた。

このような中長期計画の策定を受け，主力銀行は，2005年３月までの不良債権比率の半減に向け，ダイエーへの債権を正常債権に格上げするには産業再生機構を活用する他はないとの考えに傾いた。また，2005年10月に東京三菱銀行との経営統合を目指していたUFJホールディングスは，統合比率確定のためにもダイエーの処理策を早急に固める必要があった[17]。

2002年の金融再生プログラムにおける不良債権の半減要請と産業再生機構の設置という制度設計によって，主力銀行によるダイエー問題への対応が一気に加速していったのである。

④　産業再生機構の活用

ダイエーは産業再生機構の活用に抵抗した。2004年度以降は，会長の吉野，社長の髙木らが中心となり，経済産業省も含め，さまざまな支援企業候補との資本業務提携が検討された。そこには，米国ウォルマートとの資本業務提携案も含まれていた。

しかし，結局ダイエーは，産業再生機構の活用を受け入れる。その理由について，当時のメディア報道では，監査法人がダイエーの中間決算に事

［図表２-18］ダイエーの「事業再生計画」骨子

〈窮境に陥った原因〉
- 自社保有方式
- 全国展開へのこだわり
- 事業多角化・拡大路線
- 低価格路線への過度の依存

〈事業再生施策〉
- 小売事業改革
  ①不採算店舗の閉鎖（約50店）
  ②食品・日用品の強化
  ③不採算カテゴリーの自前売場縮小
  ④余剰スペースへの外部テナント誘致
  ⑤SM業態の首都・近畿圏積極出店
  ⑥GMS業態の改装投資
- グループ事業再編
  ①保有事業と非保有事業の分類
  ②非保有事業の売却
- 減損会計の早期適用

〈財務リストラクチャリング〉
- 債務免除　4,050億円
- 減資　1,190億円
- 機構によるDES（債務株式化）400億円
- 優先株無償消却
- 普通株式　10：１に併合
- 第三者割当増資
  ①支援企業　600億円超
  ②再生機構　100億円
- 株式交換による十字屋子会社化

〈数値計画〉
2008年２月期（連結）
- 営業収益　１兆4,800億円
- 営業利益　400億円

（出所：ダイエーニュースリリース─2004年12月28日）

業の継続性に関する疑義を有する旨の意見書を出すことで決算発表が行えなくなるからだとされていた[18]。一方，有力な支援企業候補が，産業再生機構の活用を促す勢力からダイエー支援への再考を求められたという事情も影響したもようであった。

2004年10月13日に産業再生機構による支援申し入れを決定した高木社長は，10月22日に代表権を返上した。そして，後任の社長には蓮見敏男が，専務にはUFJ銀行から派遣されていた清野真司が就任した。そして，ダイエーは，2004年12月28日に産業再生機構による支援決定と「事業再生計画」を公表し（**図表２-18**），この計画をもとに支援企業を公募することとなった。

一方，この間もダイエー内部では事業売却が進められ，2005年１月にプロ野球球団の福岡ダイエーホークスがソフトバンクに，２月には上場会社であったフォルクス（ステーキ・チェーン）が「どん」に，それぞれ売却された。

その後，2005年３月に支援企業として丸紅，アドバンテッジ・パートナーズ（以下，AP）の２社が選定され，臨時株主総会にて全取締役が退任，代表取締役社長代行となる高橋義昭をはじめ，新たに４人が取締役に就任し，産業再生機構と支援企業による経営再建への取り組みが開始されるのである。

なお，ダイエーの経営再建にあたり，私的整理の枠組みが採用された背景については，公表された「事業再生計画」のなかで以下のような説明がなされていた。

ダイエー（及びグループ全社）が破産による清算を行った場合の想定配当率は，０～0.7％以下と試算され，今回の事業再生計画に基づく金融機関債権の非保全部分の回収率約18.9％を大幅に下回る。

また，再建型の法的整理を選択する場合，ダイエーの事業規模が大きいこと，多数の保有資産に担保権が設定されていることなどから，会社更生手続きによる可能性が高くなる。その場合，一般更生債権の平均弁済率は約4.9％と試算され，これも今回の事業再生計画に基づく金融機関債権の非保全部分の回収率約18.9％を大幅に下回る。

以上から，金融機関が，産業再生機構に対して今回の事業再生計画に基づく金融支援を行うことについては合理性が認められる。

さらに，法的整理の枠組みにしたがった場合は，主力銀行以外にもダイエーの取引先，店舗不動産オーナー，中下位行等の債権カットが予想されたことから，連鎖倒産などのリスクも含め，社会的影響が大きくなることも考慮された。

法的整理が行われた場合の社会的な影響について，産業再生機構の社長を務めた斉藤惇は，「ダイエーの規模で法的整理をしたら，耐えられなかった。10万人単位の労働者の生活基盤が失われ，漁師，農家，菓子屋といった納入業者もバタバタ倒れただろう」と語っていた[19]。

(3) 銀行主導の再建：不調の構図

ここで，図表2-10を改めて参照しながら，銀行主導の経営再建が不調に終わり，ダイエーが産業再生機構の活用に至った背景を確認しておこう。

まず，2001年から2004年までのダイエーの営業政策は，食品強化からCVCへ，CVCから再度の食品強化へ，そして大型家電販売等の短期的営業改善策の実行へ，その後は改めて食品強化の方向へ，と目まぐるしい方針転換に見舞われた。

このうち，髙木らが展開したCVCや遠藤の実施した短期的営業改善策は，いずれもこれまでの成功体験に基づくものであった。CVCは，1980

年代のダイエーが業績のV字型回復を果たした時期に好調であった店内店舗の再現であり，遠藤の採用した大型家電・スポーツ売場の復活も，過去に担当したディスカウント業態での営業施策を模したものであった。

大型で多層階の店舗を擁する総合スーパーという小売業態の再生は，たしかに容易な課題ではなかった。しかし，専門チェーンの成長という大きな競争環境の変化のなかで，それらの施策は「食品スーパーへの転換」からの方針転換という形で社内に混乱を生んだだけでなく，営業改善に向けた実効性という観点からも抜本的な対策とはなり得なかったのである。

ダイエーにおけるこのような営業政策の混乱は，いよいよダイエーから営業改善への見通しを失わせ，産業再生機構の活用へと至る要因のひとつとなった。

一方，当時の金融業界は，2002年10月に「金融再生プログラム」が発動されたことにより，不良債権問題への対応が加速していた。また，「改革加速のための総合対応策」に基づき，2003年からは産業再生機構が業務を開始した。この産業再生機構の設置は，ダイエーの主力銀行にとっては，ダイエー問題の受け皿が整えられたことを意味するものであった。

ダイエーでは，2002年２月に公表した「ダイエーグループ新３か年計画（修正案）」にしたがって有利子負債の削減を進めていた。しかし，減損会計の導入によって債務超過への転落が予想されたダイエーは，金融業界における不良債権処理の加速という大きな流れのなかで，産業再生機構の活用を余儀なくされていくのである。

後に髙木が社長を辞任する際，以下のようなコメントを残している。

「もともとは３年かけて有利子負債をキャッシュフローの10倍ぐらいの水準まで引き下げるのが命題，世の中の声だったと思うが，最近は『いや，それではだめだ，キャッシュフローの５，６倍まで減らせ』という話になった。ここへきて銀行の不良債権処理，ダイエーの再建を巡る尺度がどんどん変わっていった印象がある」[20]

当時の金融業界における不良債権処理の加速が，営業改善のままならないダイエーを産業再生機構の活用へと追い込んでいったことが窺える発言である。

1　GMSとは，General Merchandise Storeの略語である。ダイエーでは総合スーパーの略称として使用されていた。

2　『日本経済新聞』1998年３月20日。

3　早期是正措置とは，1998年２月の金融安定化２法（改正預金保険法，金融機能安定化のための緊急措置に関する法律）の成立を受け，金融庁が自己資本比率の基準を下回った金融機関に対して業務改善命令を行うというものである。

4　『日本経済新聞』2000年７月15日。

5　各社財務データ（SPEEDA）等より。

6　『日本経済新聞』2004年８月７日。

7　この係争については，2002年６月に和解し，ダイエー店内へのユニクロの出店交渉が再開された（『日本経済新聞』2002年６月４日）。

8　「２．主力行への債権正常化圧力」でも述べるように，UFJ銀行の清野真司，三井住友銀行の小川博幸，みずほ銀行の木原幹雄の３名である。

9　ダイエーとマルエツの合併比率は，当時の両社の株価から1.0：0.25で試算されていた。

10　不良債権額は，ピーク時の2002年９月期には，銀行全体で43.2兆円まで膨れ上がったとされる（小峰編 2011，pp.19-20，http://www.esri.go.jp/jp/prj/sbubble/history/history_02/analysis_02_04_02.pdf）。

11　住友銀行から林正志が経営企画本部の副本部長に，富士銀行の鎌形敬史と東海銀行の西崎俊男がそれぞれグループ事業改革本部の副本部長に就任した（『日経流通新聞』2001年１月25日）。

12　ムーディーズは，ダイエーの無担保長期債務の格付けをＢ（好ましい投資対象としての適正さに欠ける）２から，Caa（安全性が低い）１へと引き下げた（2001年９月21日）。これを受け，ダイエーの株価は上場以来初の100円割れとなった（『日本経済新聞』2001年９月22日，『日経MJ』2001年９月27日）。

13　『日本経済新聞』2002年１月31日。

14 『日本経済新聞』2002年 1 月22日。
15 日本経済新聞社編（2004），p.222。
16 本項の記述は，小峰編（2011），pp.232-238（前掲URL）を参考にした。
17 日本経済新聞社編（2004），p.149。
18 『日本経済新聞』2004年10月14日，『朝日新聞』2004年10月14日など。
19 『日経MJ』2006年12月 4 日。
20 日本経済新聞社編（2004），p.68。

第3章
ダイエーの経営再建プロセス(2)
—産業再生機構による再建からイオン傘下へ

1　産業再生機構から丸紅主導の再建へ

産業再生機構の支援決定時の事業再生計画（図表2-18）は，その後ダイエー社内において具体化され，2005年3月の支援企業の決定—丸紅とAP—と同時に，「ダイエーグループ事業計画」として公表された。

この事業計画で示された再建への処方箋は，事業面では総合スーパー業態と決別し，小商圏高占拠型の食品スーパーに転換すること，財務面では債務免除（4,050億円），減資（1,190億円），DES（Debt Equity Swap：債務の株式化，400億円），支援企業と産業再生機構による第三者割当増資の引き受け（各600億円，100億円）などを柱に，過剰債務の削減を図ろうとするものであった。また，このような大幅な債務削減には，支援企業の募集に向けて，事業・負債規模を適正化するという目的もあった。

なお，ここで示された小商圏高占拠型の食品スーパーへの転換という業態戦略は，2000年度にダイエーに復帰した川副社長（当時）が示した事業再建策や，同年に中堅社員たちが検討した業態戦略と同様のものであった。

支援企業としてダイエーに23.4％を出資したAPは，経営人材として林文子（当時：ビー・エム・ダブリュー東京社長）を会長兼CEOとして，樋口泰行（当時：日本ヒューレット・パッカード社長）を社長兼COOとして招聘した（会長，社長への就任はいずれも2005年５月の株主総会にて）。

また，ダイエーに10.9％を出資した丸紅は，営業人材として土屋光夫（東急不動産出身）と小磯恵司（西友傘下のエス・エス・ブイ出身，同社は2008年に西友と合併）を招聘し，ダイエーの再建に当たることとした。概ね支援企業側が営業政策を担当し，産業再生機構側が財務政策を担当するという役割分担であった。

このような体制のもと，ダイエーは2005年３月から産業再生機構と支援企業による経営再建をスタートさせる。しかし，2006年度の産業再生機構による早期支援終了を受け，その後は丸紅とイオンを主体とした再建（2007～2012年）へ，イオン単独での再建へ（2013年以降）と再建主体の変更に見舞われる。そして，これらの期間を通じてダイエーの有利子負債は大幅に削減されるものの，ついに事業面での再建が果たされることはなかったのである。

このような産業再生機構による支援開始以降のダイエーの経営再建プロセスについて，本章では，「産業再生機構から丸紅・イオン主導の再建へ」（2005～2007年度），「丸紅・イオンの２頭体制からイオン単独の再建へ」（2008～2013年度）という２つの期間に分けて記述・検討する。

本節ではまず前者を取り上げる。

2005年度から2007年度にわたるダイエーの再建プロセスは，⑴AP・丸紅による食品スーパーへの転換，⑵産業再生機構の早期支援終了と丸紅による業態戦略の変更，⑶イオンの影響力拡大とグループシナジーの追求，これら３つの段階に分けて捉えることができる（**図表３－１**）。

すなわち，支援企業に選定されたAPと丸紅は，その事業再建を図るべ

［図表3-1］2005～2007年度におけるダイエーの再建プロセス

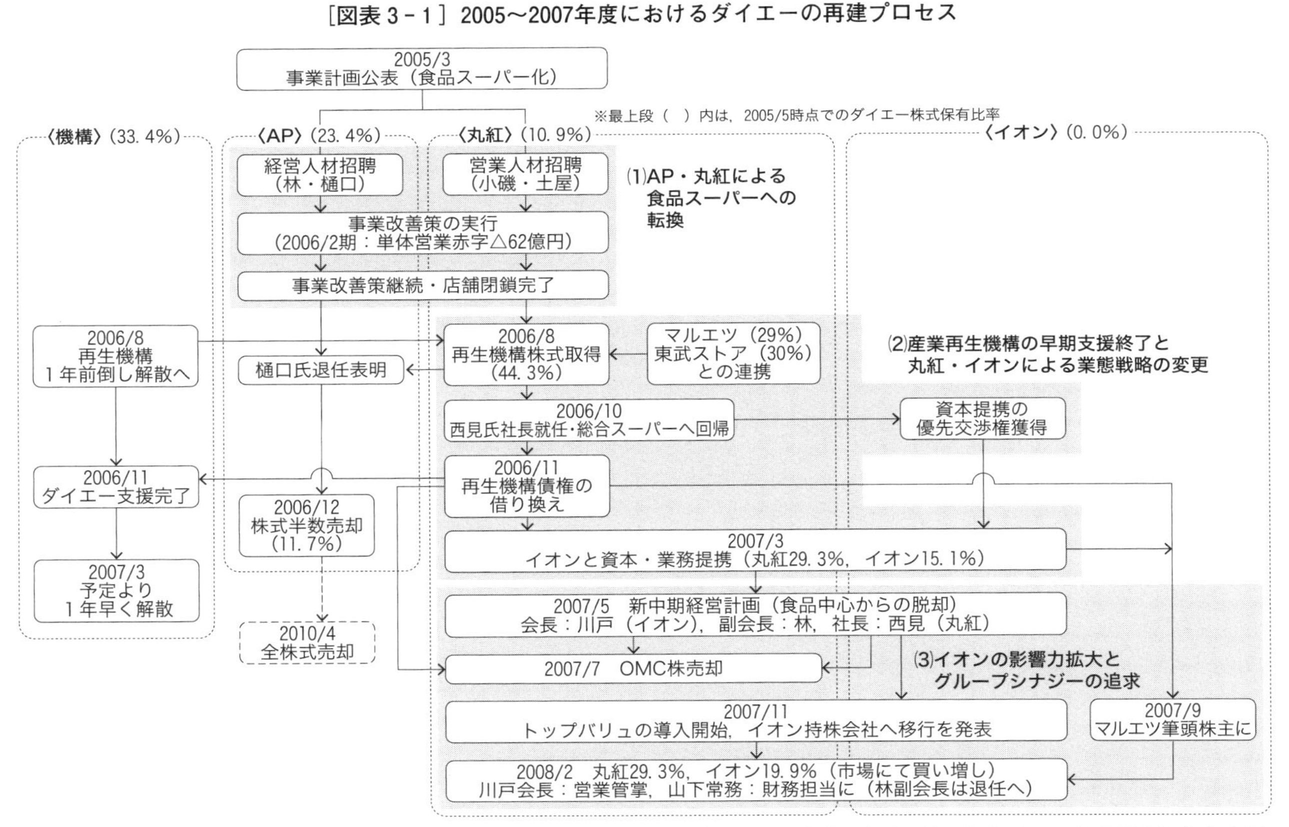

（出所：筆者作成，図中の数値は年度／月，（　）内%は株式保有比率を示す）

くダイエーの食品スーパーへの転換を推進するが，産業再生機構の早期支援終了に伴い，その出資分を肩代わりして筆頭株主となった丸紅は，イオンをパートナーに選定して再度総合スーパー路線へと舵を切る。そして，2007年3月のイオンによるダイエーへの出資以降は，マルエツとともに，ダイエーもイオンのグループ戦略に組み込まれていくという流れである。

以下，それぞれについてみていこう。

(1) AP・丸紅による食品スーパーへの転換

2005年5月に社長兼COOに就任した樋口は，「ダイエーグループ事業計画」に示された食品スーパーへの転換という方針にしたがって，林会長とともにさまざまな事業再建策を企画・実行していった。両者によって企画・実施された取り組みと役割分担は**図表3-2**に示されている。樋口社長が主に営業面での指揮を取り，林会長が教育・研修，カスタマーサービス（CS），渉外等を担当するという役割分担であった。

2005年度には，まず全従業員の声を吸い上げてそれを新たなグループミッションに反映させるという取り組みが行われ，次いで，経営陣と店長たちとのコミュニケーションが活発化されていった。特に，2005年10月の企業ロゴ，企業スローガンの刷新（「よい品をどんどん安く」から「ごはんがおいしくなるスーパー」へ）は，内外に新生ダイエーを印象付けるものであった。

次いで，事業構造の改善に向け，在庫一掃セールを通じて長期滞留在庫を処分するとともに（数十億円規模の特別損失），メーカーからの販売奨励金や協賛金等のいわゆるリベートを大幅に縮小する方針が打ち出された。これらは，ダイエーとメーカーとの取引慣行を正常化するための施策であった。

また，生鮮食品鮮度向上チーム，惣菜の品質向上プロジェクトが立ち上

［図表３－２］林・樋口体制下での営業改善策

年度／月		樋口社長	共同実施	林会長
2005	4		５万人アンケートの実施（全従業員対象）	
	5	社長兼COO就任 店長との電話によるダイレクトコミュニケーション		会長兼CEO就任
	6	在庫一掃セール 生鮮食品鮮度向上チーム発足	取引先説明会（東京・大阪） 全国店長会議の復活（月１回）	
	7	閉鎖対象店舗の巡回開始 店舗改造プロジェクト発足		
	8	商品在庫の評価損計上	役員合宿	店内CS教育プログラム「ぐぐっと120」
	9	野菜新鮮宣言 千里中央店（食品改装モデル店）改装 CFSコーポレーションと提携	役員担当地区設定・巡回	大学での講義（リクルーティング対策）
	10	リベートの縮小 惣菜の品質向上プロジェクト発足	新ロゴ・新スローガン設定 グループミッション策定	
	11	丸井からの人材受け入れ	新生ダイエー誕生記念セール	
	12	新業態Foodium三軒茶屋店オープン	総合トレーニングセンター（北野田）開設	
	1	おいしいデリカ宣言 ファーストリテイリング（ユニクロ）と業務提携	役員合宿	
	2			CS推進室設置

（出所：ダイエーニュースリリース―2005～2006年度）

げられた。これは，事業計画に示されていた食品スーパーへの転換という方針に沿って実行されたものである。

さらに，この時期には，CFSコーポレーションと提携してドラッグ売場の活性化に取り組んだり，丸井から店長級の人材を受け入れて衣料品売場の運営面の改善を図ったりするなど，食品以外の売場については外部資源の活用も図られた。

一方，2005年度には，2004年12月に公表した「事業再生計画」にしたがって，54店舗の店舗閉鎖が行われた。この店舗閉鎖は，これまでのように単に不振業態・不振店を閉鎖するに留まらず，付加価値型の食品スーパーを展開するために，店舗展開エリアを都市部に絞り込むためのものでもあった。したがって，この店舗閉鎖によって，ダイエーは東北，中国，四国の各エリアから撤退することになった。

また，大量の店舗閉鎖に伴う余剰人員対策として，2005年５月及び11月にそれぞれ管理職（約200名），一般職（約1,100名）を対象とした大規模な希望退職を募り，ほぼ予定通りの応募人数を確保するなど，経費削減策も併せて実施された。

2005年度初頭からの事業再建に向けた取り組みが効果をあらわし始めたのが，同年11月頃であった。それ以降，ダイエーの月別既存店売上高前年比が，以前と異なる上昇傾向を描くようになったのである（**図表３－３**）。

2005年度には，９月にCFSコーポレーションとの提携により食品・ドラッグを強化した改装モデル店としてダイエー千里中央店（大阪）を開店したり，12月には新型スーパー（foodium：フーディアム）の１号店であるfoodium三軒茶屋店（東京）を開店したりするなど（**写真３－１**），売上トレンドの改善と軌を一にするような新たな動きもみられるようになった。

しかし，前期の売上不振の影響が大きく，2005年度通期では既存店売上高前年比は96％に留まった。その結果，2005年度決算においては，リベートの撤廃等による売上総利益率の低下，新生ダイエーを訴求する広告宣伝費の増加等により，ダイエー単体では62億円の営業赤字，30億円の経常赤字を計上することになった（連結では，オーエムシー・カードの貢献等により，営業利益445億円，経常利益243億円）。

なお，産業再生機構は，「ダイエーグループ事業計画」にしたがって2005年５月に33.4％をダイエーに出資したが，産業再生機構法により，

［図表３－３］ダイエーの月別既存店前年比
（単体，2005年３月～2006年８月，単位：％）

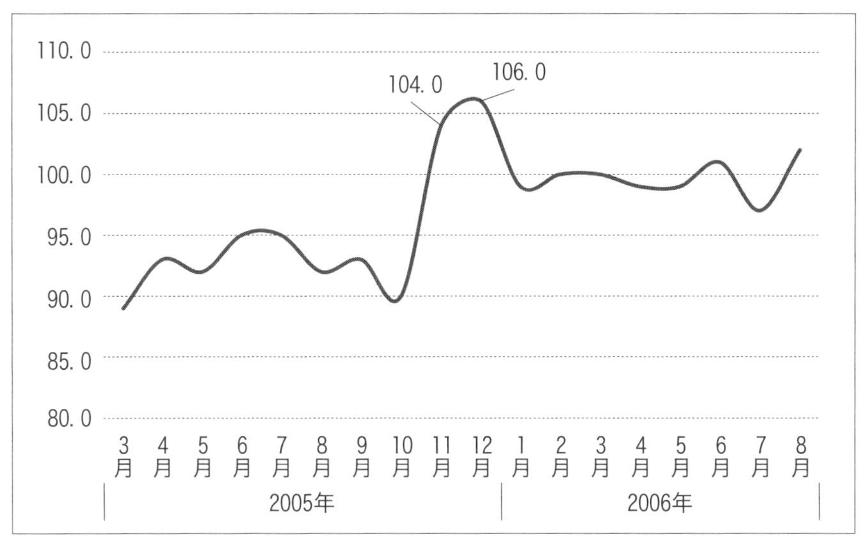

（出所：ダイエー決算発表用資料─2006年10月）

［写真３－１］新型スーパーのfoodium三軒茶屋店

（出所：㈱ダイエー提供）

(2005年３月の債権買い取り期間終了から３年後の）2008年３月までに解散することが定められていた。このような産業再生機構によるダイエーからの“出口戦略”と2005年度決算におけるダイエー単体の営業・経常赤字が，その後のダイエー再建に影響を与えることになる。

(2) 産業再生機構の早期支援終了と丸紅による業態戦略の変更

林・樋口体制２年目の2006年度に入っても，ダイエーからマルエツへの商品供給の停止（これにより売上高が約1,500億円減少），高品質PB商品である「おいしく食べたい」の発売，衣料・生活用品売場への外部テナント（ニトリ，西松屋チェーン，サイクルベースあさひなど）の導入など，取引慣行を正常化しながら，ダイエーの食品スーパーへの転換という方針に沿った施策が進められていった。

しかし，2005年度のダイエー単体の営業・経常赤字が影響し，主力銀行や支援企業からさらなる有利子負債の削減が求められる状況となった。そこでダイエーは，2006年度にはホテル（西神オリエンタルホテル），ビル管理会社（朝日ビルマネジメントサービス），食品製造会社（富士デイリーフーズ，六甲牛乳，朝日青果）などを外部売却するとともに，新たに店舗・物流施設等の不動産売却にも踏み込んだ（不動産物件30件の流動化，売却額875億円[1]）。

また，2006年３月には，人件費削減のためにダイエー・スペース・クリエイトという店舗催事企画のための新会社を設立し，ダイエー本体からの出向社員800人の受け皿とした。

この林・樋口体制２年目に，再建主体に関して大きな動きがあった。

2006年８月に，産業再生機構が予定より１年前倒しで2007年３月に解散することが決定され[2]，そのダイエー株式保有分33.4％が698億円で支援企業の丸紅に売却されることが発表されたのである。これによって，丸紅は当初の出資比率（10.9％）と合わせてダイエーに44.3％を出資する筆頭株主となった。

丸紅は，すでにマルエツ，東武ストアの株式を保有していたことから（保有比率は，それぞれ29％，30％），総合商社の川下戦略として，ダイエーとマルエツ，東武ストア等との連携を目論んだものと思われる。また，丸紅は，ダイエー再建にあたって小売企業とパートナーを組む意向であることを表明した。

一方，APから招聘され社長兼COOを務めていた樋口が，2006年8月の丸紅への株式譲渡発表と同時期に退任を表明した。樋口は社員の意見をよく拾い，それを施策に反映するという経営スタイルであったため，現場からの信頼は厚かった。そのため，樋口の退任表明を受け，従業員は落胆した。

社長就任から1年数か月での樋口の退任は，産業再生機構からの株式引き受けによってダイエー再建の主役に躍り出た丸紅と樋口との間で，経営面での齟齬があったことを窺わせるものである。

樋口によって実行された施策をみる限り，樋口は食品スーパーへの転換や取引関係の正常化を通じて，ダイエーの事業再建に注力していたようである。専門経営人材として招聘された以上，事業再建と財務再建の両立こそが樋口のゴールであり，それが自らの価値を高めることにもなる。

また，支援企業のAPとしても，ダイエーの再建を通じて株価が上昇すれば，投資に対するリターンが高まることになる。したがって，樋口と樋口を招聘したAPとの間には，ダイエーの経営に関する大きな齟齬はなかったように思われる。

しかし，丸紅は，この後のイオンとの提携をみても，ダイエー自体の再建と価値向上に加え，自社の取引拡大という大目的があったように思われる。このようなダイエー再建に関わる関係者間での思惑の相違が，樋口退任の要因となった可能性がある。

樋口の退任は丸紅としても予想外であった。丸紅は2006年10月の臨時株主総会において，同年９月に副社長に就任していた西見徹を社長に昇格させ，同時に取締役９名中５名の取締役を派遣し，ダイエーを子会社化した。そして，ダイエー再建に関する小売業のパートナーとしてイオンを指名して，新たな業態戦略として「総合スーパーへの回帰」を打ち出すのである。

なお，丸紅がイオンをパートナーに選定したのは，イオンにマイカル再建という実績があったことに加え，ダイエーを丸抱えし続けるリスクを回避するとともに，イオンが三菱商事と近い関係にあったことから，ライバル商社を牽制する意味合いもあるという見方もされていた[3]。

また，この時期からダイエーの有利子負債削減が加速していく。産業再生機構の“出口戦略”に伴い，その保有株式の買い取りに加え，産業再生機構によるダイエー向け債権1,500億円の肩代わり先が必要になったからである。

この債権については，2006年11月に三井住友銀行，住友信託銀行，新生銀行，野村ホールディングスの４社が肩代わりすることに合意したが，その条件として，有利子負債の2,000億円削減が求められていた[4]。そのため，オーエムシー・カード株式（52％保有），マルエツ株式（36％保有）の売却が進められ，2007年度には，連結有利子負債額が前年の6,424億円から一気に1,117億円まで減少するのである。

また，イオンとの提携を受け，2006年11月から丸紅，イオン，ダイエー３社による業務提携検討委員会が発足した。イオンとの提携をふまえ，総合スーパー路線への回帰を掲げた西見社長は，衣料品売場の大規模改装を含め，大型店の改装に再建の軸足を移すこととした[5]。

その後，イオンとの関係は資本提携に発展し，2007年３月に，イオンはダイエー株式の15.1％を丸紅から462億円で，マルエツ株式の21.3％をダイエーから165億円で取得し，ダイエーに取締役2名，監査役1名を派遣した。さらに，イオンと丸紅は，相互に100億円相当の株式を持ち合うこととした。この資本提携によって，ダイエーの再建は丸紅・イオンの2頭体制下で進められることになったのである。

イオンは，この資本提携によって，売上高（連結）が6兆円を超える国内最大の小売流通グループになった。イオンのダイエーへの出資に伴い，グループ内の商品開発や調達を一本化する新会社構想が発表されたことからも[6]，イオンの狙いはグループシナジーのさらなる追求に置かれていたように思われる。

なお，ここで，2005年度から2007年度までのダイエーの売上高及び経常利益の推移（**図表3－4，3－5**），連結有利子負債額の推移（**図表3－6**），既存店売上高前年比の推移（**図表3－7**）について確認しておこう。

［図表3－4］ダイエーの売上高の推移
（2005～2007年度，単位：億円）

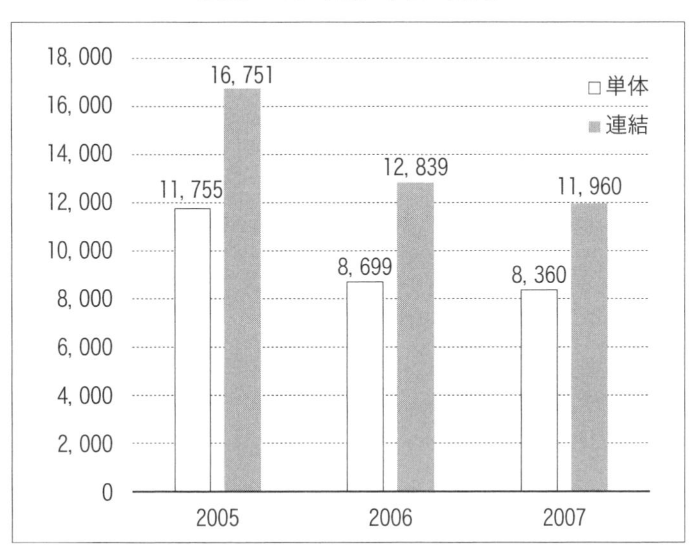

（出所：ダイエー財務データ）

［図表3－5］ダイエーの経常利益の推移
（2005～2007年度，単体・連結，単位：億円，％）

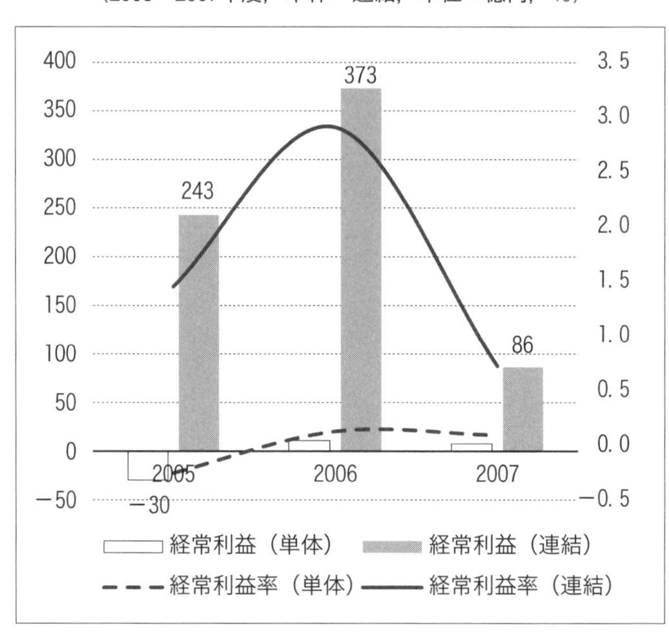

（出所：ダイエー財務データ）

売上高（連結）は，2006年度には，2005年度対比で約4,000億円の減少となっている。これは，ダイエー単体における店舗閉鎖やマルエツへの商品供給の停止（店舗閉鎖と合計で3,000億円程度の減少），ホテル，食品製造会社などの外部売却等の影響によるものである。

また，この時期のダイエー単体の経常利益は低調であった。産業再生機構による経営再建下では，食品スーパーへの転換に取り組み，売上高は上昇トレンドに転じたものの，いまだ利益状況を改善するまでには至らなかったのである。

一方，連結では，2006年度には373億円の経常利益を計上している。オーエムシー・カード（経常利益333億円）やマルエツ（同56億円）の貢献

[図表3-6] ダイエーの連結有利子負債額の推移
(2005〜2007年度, 単位:億円)

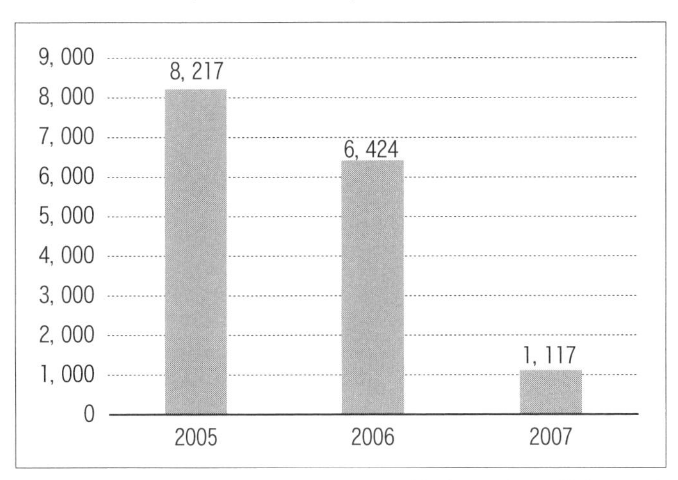

(出所:ダイエー財務データ)

[図表3-7] ダイエーの既存店売上高前年比の推移
(単体, 2005〜2007年度, 単位:%)

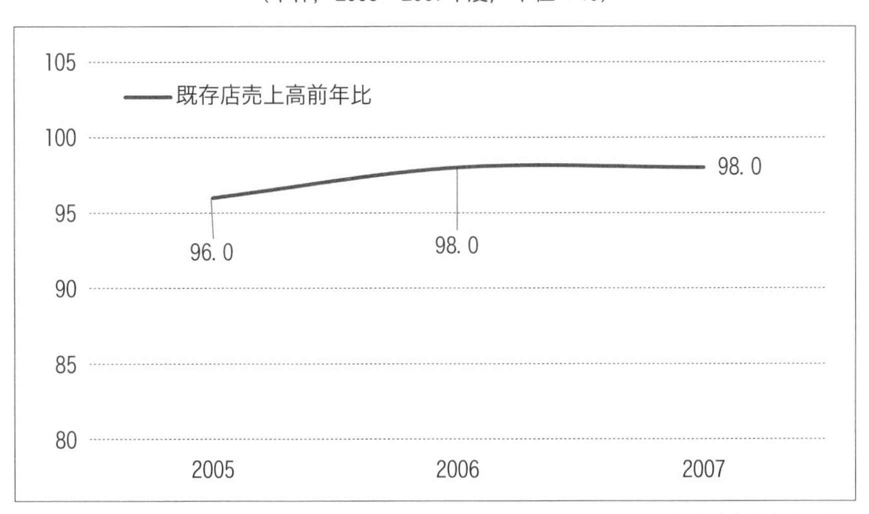

(出所:ダイエー決算発表資料各年版)

によるものである。しかし，これら企業による利益貢献も2007年度までであった。先にも述べたように，産業再生機構の早期支援終了に伴う有利子負債の追加削減のために，オーエムシー・カード株式の売却（2007年7月：三井住友銀行に，748億円），マルエツ株式の売却（2007年3月と9月：イオンに，各165億円，92億円）が進められたからである。

なお，2005年の後半から売上高は上昇トレンドに転じたものの，既存店売上高前年比は100％を超えることなく，依然として売上高の減少傾向は続いていた。

(3) イオンの影響力拡大とグループシナジーの追求

2007年3月にダイエー・丸紅と資本業務提携したイオンは，2007年5月に会長として川戸義晴（当時：イオンモール社長）を，常務取締役財務・グループ事業担当として山下昭典（当時：イオン常務執行役）を就任させ，新たに「ダイエーグループ新中期経営計画」を発表した。また，川戸の会長就任に伴い，会長の林は代表権のない副会長に退いた。

この「ダイエーグループ新中期経営計画」では，食品スーパーへの転換という業態戦略から脱却し，衣・食・住全般にわたるマーチャンダイジングの推進が方針とされ，併せてイオンとの共同仕入れや商品の共同開発を進めることで，計画最終年度である2009年度（2010年2月期）には，営業利益70億円を目指すものとされた[7]。

この後，イオンはグループ内で商品の共同仕入れを担当する「イオン商品調達」，PB商品の開発を行う「イオントップバリュ」，物流業務を担う「イオングローバルSCM」3社を2007年8月に本格稼働させる。そして同年11月には，イオンのPB商品である「トップバリュ」のダイエーへの導入が開始され，同時にダイエーのPB商品であった「セービング」の2008年度中の廃止を決定するなど，ダイエーに対するイオンの影響力が拡大していった。

この2007年度は，①イオンがマルエツ株式をダイエーから複数回取得することで，合計でマルエツ株式を33.4%保有する筆頭株主となる，②イオンの持株会社への移行が発表される[8]，③2008年2月に，ダイエー株式を市場で追加取得してダイエー株式の保有比率を19.9%まで高める，などイオンのグループ戦略が一気に加速した年であった。

なお，2007年にオーエムシー・カードが売却されたのも，当初は専門店ビルを運営するOPAを売却する方針であったものが，グループ戦略の一環としてイオンがその売却に難色を示したものである[9]。

このように，2007年3月のイオンとの資本業務提携以降は，丸紅・イオンの2頭体制下にありながらも，グループシナジーの追求という旗印のもとにイオンの影響力が拡大していく状況にあった。

(4) 産業再生機構から丸紅主導の再建：不調の構図

ここで図表3-1を参照しながら，改めて産業再生機構による再建，丸紅主導での再建が不調に終わった構図について確認しておこう。

ダイエーの経営再建にあたっては，産業再生機構によって食品スーパーへの転換という方針が示されていた。それを受けて，支援企業であるAPから林・樋口という経営人材，丸紅から小磯・土屋という営業人材がそれぞれ招聘された。社長に就任した樋口は，ダイエーの事業再建，すなわち食品スーパーへの転換に向けてさまざまな施策を展開し，それらは2005年度の後半から2006年度にかけて効果をあらわし始めていた。

しかし，産業再生機構が1年前倒しで解散されることに伴い，丸紅が産業再生機構保有株式の引き受けを発表すると同時に，樋口は退任を表明する。社長就任からわずか1年強での退任であった。樋口の退任によって，ダイエーの食品スーパーへの転換は頓挫した。産業再生機構の株式を引き受けた丸紅は，イオンをパートナーに選定してダイエー再建に取り組むこととしたが，そこでの業態戦略は総合スーパーへの回帰というものだったからである。

マイカル再建の実績もふまえ，イオンの小売再建ノウハウに期待したためだが，ダイエー再建に向けて効果をあらわし始めていた食品スーパーへの転換という業態戦略が，ここで再度変更されることになったのである。

このように，再建主体の変化に伴い，再度業態戦略が変更されたことが，ダイエーの事業再建を遠ざけた要因となったように思われる。

一方，有利子負債については，2005年度から2007年度までの3年間で，虎の子ともいえるオーエムシー・カードやマルエツの売却によって，一気に1,000億円規模にまで削減されていったのである。

2　丸紅・イオンの2頭体制からイオン単独の再建へ

2008年3月に副会長の林が退任した後，5月には，社長の西見に次いで会長の川戸にも代表権が付与され，ダイエーの再建は，丸紅とイオンの2頭体制によって担われることになった。

2008年度以降のダイエーの売上高と経常利益の推移は，それぞれ**図表3-8**と**図表3-9**に示されている。

2008年度以降，売上高は単体・連結とも漸減していった。2007年度まではオーエムシー・カードが連結対象会社となっていたが，その売却により，ダイエーの関係会社は，OPA，グルメシティ各社，ビッグエーなど，小売事業のみとなった。したがって，このような売上高の減少は，店舗閉鎖（毎年5～10店規模）と**図表3-10**にみられるようなダイエーの既存店売上高の継続的な不振によるものである。

また，経常利益の推移も非常に低調なものであった。オーエムシー・カ

［図表３－８］ダイエーの売上高の推移
（2008～2013年度，単位：億円）

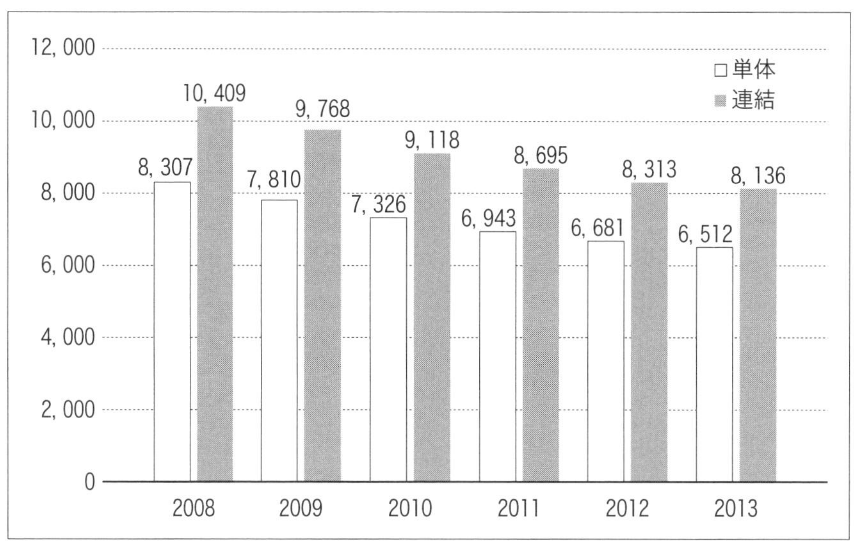

（出所：ダイエー財務データ）

ードやマルエツの売却により，ダイエーの単体と連結の利益状況に乖離はみられなくなったが，2008～2013年度までの６年間で，連結経常黒字を記録したのが2008年度と2011年度の２期のみという状況であった。また，最終損益に至っては，2008年度から2013年度まで６期連続で赤字を計上するという惨状であった。

ダイエーは，1980年代の前半（1983～1985年度）にグループ企業の不振により３期連続での連結最終赤字を記録したが，この時期はそれを上回る業績不振に陥ったのである。

最終損益が大幅な赤字となった2008年度（連結当期純利益　－237億円）は，次年度以降の店舗閉鎖等に伴う損失を前倒しで計上したことが要因であり，2011年度（同　－114億円）と2013年度（同　－243億円）は，店舗の減損損失をそれぞれ85億円，121億円計上したことが，大幅な最終赤字に

［図表3－9］ダイエーの経常利益の推移
（2008～2013年度，単体・連結，単位：億円，％）

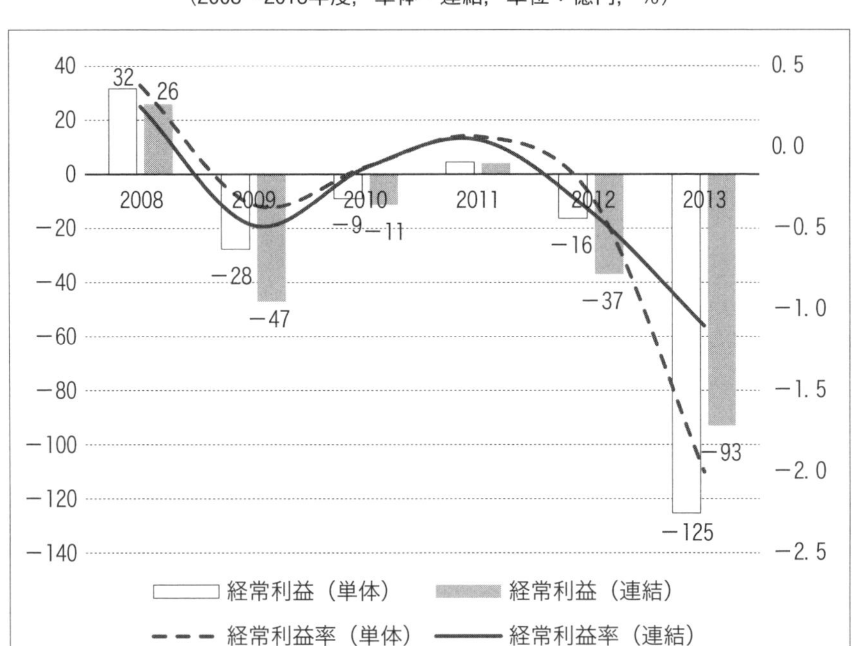

（出所：ダイエー財務データ）

つながった。店舗の営業改善が図れないことに加え，その会計上の対処がさらなる損失拡大を招く構図となったのである。

このような2008年度から2013年度までの状況は，⑴2頭体制による営業改善の停滞，⑵業態戦略の再変更，⑶イオンとの一体的再建，これら3つの局面から捉えることができる（**図表3－11**）。

すなわち，丸紅とイオンのダイエーに対する思惑の相違から，両社は一体的に再建に有効な対策を講ずることができなかった。そこで，食品スーパーを大型化したSSM（スーパー・スーパーマーケット，以下SSM）へと再度業態戦略を変更するが業績は向上せず，結果的にダイエーの再建か

［図表３－10］ダイエーの既存店売上高前年比の推移
（単体，2008～2013年度，単位：％）

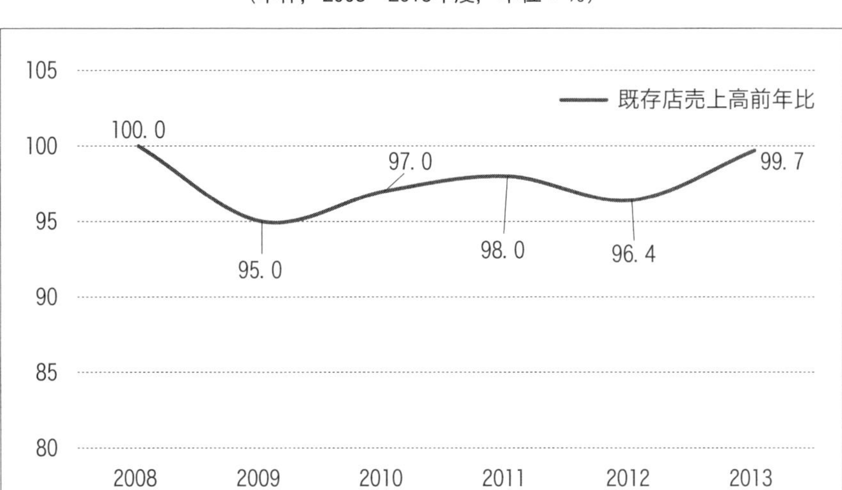

（出所：ダイエー決算発表資料各年版，2012，2013年度は，大和証券レポート『小売業界のマンスリー』2013年１月号，2014年１月号からの推測）

ら丸紅が撤退することで，イオン単独での（イオンとの一体的な）再建が目指されていくという流れである。以下，それぞれについてみていくこととしよう。

⑴　２頭体制による営業改善の停滞

2008年５月に代表権を付与された会長の川戸は，イオンから販売担当常務として川本敏雄を招聘し，営業改善に取り組んだ。川戸はダイエー店頭での直接指導も行ったが，それはベテラン店長たちが「久しぶりに店舗巡回で厳しい指導を受けた」と述懐するほど熱のこもったものであった。

川戸は，2008年度の下期から，「木曜の市」という平日の販売促進策を打ち出した。週末以外にも売上の山を作っていこうという企画であった。生鮮食品を中心に多くの商品を低価格で販売した結果，企画が定着した翌

［図表3-11］ 2008〜2013年度におけるダイエーの再建プロセス

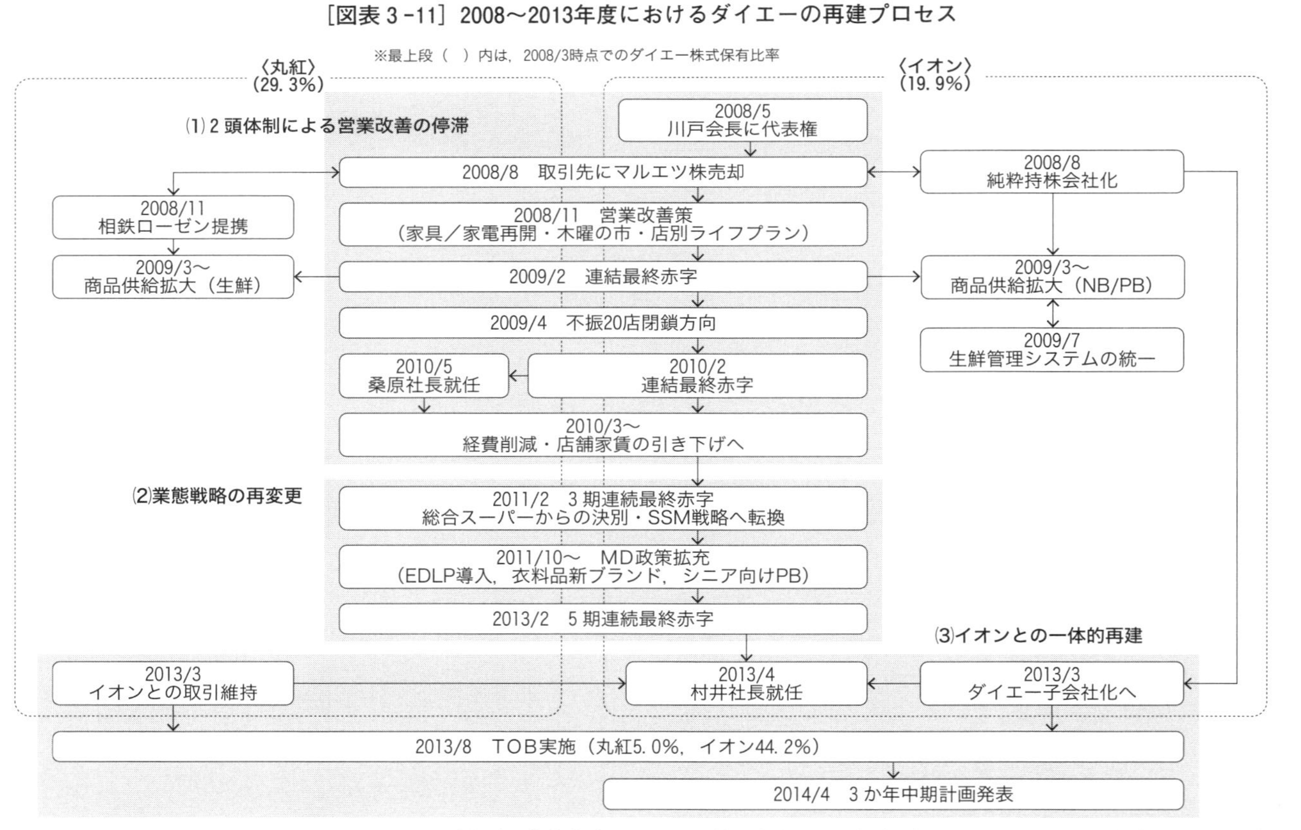

（出所：筆者作成，図中の数値は年度／月，（　）内%はダイエー株式の保有比率を示す）

2009年度の下期には，木曜日の売上高が日曜日を超える店舗が多くみられるようになった。

また川戸は，同じく2008年度の下期から，全店の「ライフプラン」の策定にも着手した。店舗ごとの“カルテ”を作成するというもので，店舗概要，販売効率，将来計画などの情報を含み，店舗活性化に役立てる一方で，店舗閉鎖や減損処理のための資料としても活用された。

なお，ダイエーは，2008年８月にマルエツ株式の4.1％を菱食（当時），国分などの取引先に売却し，マルエツとの資本関係は完全に無くなった。

また，イオンは2008年８月に純粋持株会社に移行した。持株会社の傘下に，連結売上高７兆円，160社（当時）の企業集団を率いる体制となったのである。

このような体制のもと，2009年度からはダイエーもイオンを通じた商品調達を拡大し，NB（National Brand）商品は「イオン商品調達」から，PB商品は「イオントップバリュ」から調達する体制となった。さらに，イオンはダイエーやマルエツと生鮮食品の統一管理システムを導入し[10]，運営・システム面でもイオンとの一体化を推進していった。また，物流についてもイオングループの物流会社である「イオングローバルSCM」を通じた一本化が目指されるなど[11]，2008年度は，ダイエーの再建に向け，さまざまな側面においてイオンの資源活用が図られた。

2008～2009年度は，いわゆるリーマンショックによる急激な景気後退に直面した年である。特に衣料品・住居関連商品の販売が不振となったことから，2009年度からの３年間でさらに20店舗を閉鎖することとした[12]。西見の社長就任時に打ち出された総合スーパー路線への回帰が裏目に出た形であった。

一方，2009年度からは，丸紅も生鮮食品を中心にダイエーへの商品供給を拡大した[13]。丸紅は2008年11月に相鉄ローゼンと提携したが，川下戦略を通じて，さらに自社との取引拡大を図る取り組みが推進されたのである[14]。

2009年度は，店舗閉鎖に加え，イオンを通じた商品調達を拡大するとともに，9月にはグループ内の食品スーパー2社（グルメシティ北海道とグルメシティ九州）を吸収合併して本社費用を削減するなどしたが[15]，業績は向上せず，ダイエーが連結決算を公表して（1983年度）以来の連結営業・経常赤字を記録した。

この時期は，ダイエーのみならずイトーヨーカ堂やイオンも総合スーパー事業は営業赤字に陥っており，新聞等でも「GMSの終焉」が改めて指摘されるような状況であった[16]。

2009年度の業績不振を受け，2010年3月には社長の西見が退任し，丸紅副社長であった桑原道夫が4月から社長代行に就任した（社長への就任は同年5月の株主総会にて）。

桑原は，2010年5月，新たな「ダイエーグループ中期経営計画」を発表した。「光り輝くダイエーの復活」というスローガンを掲げ，追加の店舗閉鎖も含め，既存事業の損益分岐点の引き下げが優先課題とされた[17]。この背景には，粗利益額に対する不動産コストの割合が高く，損益分岐点が高止まりしているという川戸の分析があった[18]。

この2010年度には，前年度の営業赤字転落を受け，店舗賃料の引き下げ，従業員の適正配置，水道光熱費の削減などで220億円規模の経費削減策が実行された。それでも既存店の継続的な不振もあり，営業利益は黒字化したものの，単体・連結とも2期連続での経常赤字，3期連続での最終赤字を記録した。

⑵ 業態戦略の再変更

業績が改善せず，2010年度で3期連続での最終赤字となったことを受け，桑原は「商品を総花的に扱う総合スーパー路線から決別する」として，店舗投資を前年比約２倍の280億円に増加させ，店舗ごとに購買頻度の高い衣料品，家庭用品等に品揃えを絞り込む方針とした[19]。すなわち，食品スーパーを大型化したSSMへの転換である。

具体的な施策としては，生活シーン別の売場を20種類ほど開発し（ホームファッション，スポーツギャラリー，デイリーアウター，ペットなど），店舗特性に応じて各店舗に５～10売場ずつ導入していくというものであった[20]。2011年10月には，SSMのモデル店舗としてダイエー藤沢店を開店した（**写真３－２**）。

2011年度から2012年度にかけては，営業改善に向け，組織運営・マーチャンダイジング面でさまざまな取り組みが行われた。例えば，生活用品の新PBである「リブニー」の投入（2011年９月），グルメシティ（食品スーパー子会社）へのEDLP政策の導入（2011年10月），紳士服チェーン展開を行っていたロベルト（子会社）の吸収合併（2011年11月），非食品部門の強化に向けた衣料品と生活用品の商品本部の統合（2012年３月），男

［写真３－２］SSMのモデル店舗―ダイエー藤沢店

（出所：㈱ダイエー提供）

性カジュアル衣料の新ブランド「ナディス」の開発（2012年４月），シニア向けPB商品の展開（2012年６月）等々である。

これらのマーチャンダイジング施策の他にも，ディスカウント業態の子会社であるビッグエー（当時180店舗）を2016年度までに250店体制にするなど，関連事業の強化が打ち出された[21]。

これらの取り組みからもわかるように，2011年度から2013年度は，総合スーパーからSSMへの業態転換を図るとともに，マーチャンダイジング施策がさまざまに模索・展開された時期であった。

これらの施策を通じて，2011年度には３期ぶりに単体・連結ともに経常黒字を計上するが（連結最終損益は東日本大震災の影響もあり114億円の赤字），客数の回復が継続せず，2012年８月中間期には営業赤字となり，2012年度通期でも連結最終赤字を計上する見込みとなった。2008年度から５期連続の連結最終赤字であった。

桑原は「店舗規模がバラバラで効率化が難しく，店舗年齢も平均30年と古い。一番苦労しているのは約90店ある昔の標準店」，「赤字店は閉鎖して食品スーパーやディスカウント・ストアに力を注ぐ」と述べた[22]。

不動産コストを主因とする損益分岐点の高さに加え，店舗規模や形態のバラツキ，店舗の老朽化等が足かせとなり，SSMへの業態転換や種々のマーチャンダイジング施策を試みても，ダイエーの業績改善にはつながらない状況であった。

⑶ イオンとの一体的再建

丸紅は，５期連続での最終赤字が予測された2012年度後半からのさらなる店舗閉鎖と1,500人規模の人員削減をイオンに提示した。しかし，イオンは「これ以上の人員削減は無理」として，逆に責任の明確化を求めてダイエー株式の買い増しを丸紅に要求した[23]。

2013年3月，イオンはダイエーを子会社化する方針であること，そして丸紅はイオンの実施するダイエー株のTOB（Take-over Bit：株式の公開買い付け）に応じることを発表した。

記者会見でイオンの岡田元也社長（当時）は，大株主が2社あったことに触れ，「誰が責任者かはっきりしなかった」，「丸紅に引いてもらうのは責任の所在を明確にするためだ」「（官製の産業再生機構が関与したことが）再生を遅らせた」などと述べた[24]。

一方，丸紅首脳は「リーダーシップが取れず，営業面の回復が遅れた」とした[25]。2007年度から6年間にわたる丸紅とイオンの2頭体制が，解消されることになったのである。

丸紅は，産業再生機構から698億円で買い取ったダイエー株式の含み損，川下戦略を推進するライバル商社への対抗意識，年間800億円規模と見込まれるダイエーとの直接取引等が影響し，ダイエーの再建から手を引くという選択肢はなかなか取りえなかった。イオンも，マイカル再建の実績，グループシナジーの追求，セブン＆アイグループへの対抗意識等から，ダイエー再建に関する主導権を握ることにこだわったものと思われる。

このような背景から，6年間にわたり丸紅とイオンの2頭体制が継続したが，丸紅は海外の取引も含めてイオンとの関係強化を図ることを条件に，ダイエー株式の売却に応じることとなったのである。

一方，丸紅によるTOBへの応諾は，両者が株式を保有する食品スーパー同士で企業連合を形成する狙いもあった。丸紅は，マルエツ，相鉄ローゼン，東武ストアに各20～30％程度を出資し，イオンは，マルエツ，カスミ，いなげや，ベルク等に15～20％程度を出資していた。これらの食品スーパーで企業連合を形成すれば，イオンは首都圏の店舗網を補完することができ，丸紅も商品供給の拡大が見込めることになる[26]。

2013年4月にはイオンの村井正平（当時：専務執行役）がダイエー顧問

に就任し，5月の株主総会を経て正式に社長に就任するとともに，川戸と桑原は退任した。

村井は，2014年度中にダイエーの最終黒字化を図ることを目標に，2013年度からイオンの開発した専門店業態（酒，自転車など）のダイエーへの導入，イオンの商品調達力，物流施設の一層の活用などを図ることとした。一方，ディスカウント業態の子会社であるビッグエーは，2017年度までに300店体制に拡大し，経営再建の柱とすることとした[27]。

その後，イオンのダイエー株式へのTOBは2013年8月に成立し（丸紅からは24.34％の応募），イオンは株式の44.2％を保有してダイエーを子会社化した。イオンによる丸紅からの株式取得額は約131億円であった[28]。

再建主体がイオンに移行した2013年度も，ダイエーの業績は回復せず，連結最終赤字となった。そこで，2014年4月には，イオンの連結子会社となって初めての「3か年中期経営計画」が発表され，2014年度の店舗改装投資を前年比4倍の410億円とすること，惣菜の強化や営業時間の延長などを行うことが発表された[29]。

この他にも，商品面では，2014年度中にイオンとの商品の共同調達を前年度比60％増の1,000億円規模に拡大すること，PB商品は「トップバリュ」に統一することとされた[30]。丸紅との2頭体制化ではなかなか踏み込めなかったグループシナジーを追求する動きが，いよいよ加速しはじめたのである。

2014年度からは，イオングループにおける小売事業の整理・統合が進んでいく。2014年5月には，マルエツ，カスミ，マックスバリュ関東が共同持株会社を設立し，イオンが70％，丸紅が30％を出資することが発表された。首都圏で売上高1兆円規模の食品スーパー連合の形成を目指す動きであった[31]。

また，ダイエーについては，イオンの既存店舗との一体的見直しが行われ，イオングループにおける食品スーパー事業の中核会社として，関東と関西地域に店舗を集中展開することとなった[32]。そして，2014年9月には，イオン株式との株式交換方式によってダイエーの少数株主持分を取得する方針が示され，ダイエーを完全子会社化したうえで，2014年12月をもってその上場を廃止することとした[33]。

2014年11月にはダイエーの臨時株主総会が行われ，2015年1月1日付けでダイエーがイオンの完全子会社になることが承認された。ダイエーの株式は2014年12月25日に最後の取引が行われたが，その終値は134円であった。1980年代後半に1兆円を超えていた企業価値（時価総額）は，最終的には533億円ほどになっていた。

(4) 丸紅・イオンの2頭体制からイオン単独の再建へ：不調の構図

ここで，図表3-11を参照しながら，改めて丸紅・イオンの2頭体制が不調に終わり，イオン単独での経営再建に至った構図について確認しておこう。

イオンがダイエーに出資した2008年度以降，イオンから派遣された会長の川戸にも代表権が付与され，丸紅・イオンの2頭体制がスタートした。

川戸は，「木曜の市」をはじめとする営業改善策を実行することで，2008年度には既存店売上高前年比を100%にするなど一定の成果をあげた。しかし，それ以降は再び既存店売上高が前年度を割り込み，結果的に総合スーパーの営業改善を図ることはできなかった。

当時は，ダイエーのみならず，イオンやイトーヨーカ堂なども総合スーパー事業では営業赤字を計上するなど，総合スーパー業態そのものの終焉が指摘されるような状況であった。

一方で，イオンはグループ戦略を推進する。純粋持株会社の設立（2008年8月），イオンからダイエーへの商品供給の拡大（2009年度から）等である。イオンの立場からすれば，ダイエーの再建は，グループシナジーの追求という上位目標の下に位置付けられるものだったように思われる。

丸紅も，相鉄ローゼンと提携するなど（2008年11月），さらに川下戦略を推進していた。ダイエーに対しても，2009年度から自社経由での商品供給を拡大する動きをみせていた。これらは，いずれも自社からの取引量の拡大を主目的としたものであり，ここでも商社としての取引拡大という上位目標の下に，ダイエーの再建が位置付けられていたようにみえる。

2008年度から2010年度は，このような両者の思惑もあり，丸紅・イオンの双方において，ダイエーの抜本的な経営再建が副次的なものと位置付けられていた可能性があったといえる。

その後2011年度に入ると，再度総合スーパーから決別し，SSMへの業態転換が目指される。同時に，さまざまなマーチャンダイジング施策が模索されるが，依然としてダイエーの業績は回復しなかったのである。

「店舗規模がバラバラで効率化が難しく，店舗年齢も平均30年と古い」と，2010年５月に社長に就任した桑原はコメントした。２頭体制下でダイエー再建に向けた抜本的な対策が取り得ない状況下では，もはや業態や店舗のライフサイクルに抗することができなかったのであろう。

その後，2013年度からダイエーはイオンの傘下に入り，2014年度にはその完全子会社となる。イオングループのなかでダイエーに与えられた役割は，食品スーパーであった。

ダイエーの食品スーパーへの転換は，そもそもはダイエーの自主再建時にマルエツから復帰した川副社長（当時）や当時の中堅社員たちが構想したものであり，その後は産業再生機構による経営再建時にも描かれた業態戦略であった。それがイオン傘下でようやく実現することになったのである。

■

1　ダイエーの不動産物件を取得するための特定目的会社「TTリテール合同会社」に50%を出資した東急不動産のニュースリリース（2007年3月22日付）より。
2　産業再生機構が1年早く解散することを決定したのは，金融商品取引法（2006年6月成立，2007年9月施行）によってTOBの運用が厳格化される見込みがあったために，相対取引によるダイエー株式の譲渡を急いだためという見方もあった（『日経MJ』2013年4月1日）。
3　『日本経済新聞』2007年3月10日。
4　『日本経済新聞』2006年9月14日。
5　『日本経済新聞』2006年11月29日。
6　『日本経済新聞』2007年3月29日。
7　『日本経済新聞』2007年5月18日。
8　『日本経済新聞』2007年11月27日。
9　『日本経済新聞』2007年4月11日。
10　『日経MJ』2009年7月27日。
11　『日本経済新聞』2008年11月27日。
12　『日本経済新聞』2009年4月10日（夕刊）。
13　『日経MJ』2009年5月25日。
14　丸紅は，2009年3月期決算でダイエー株式の減損処理（200億円強）を強いられたが，同社首脳は，それでも「（ダイエーの）川下戦略上の重要な位置づけは変わらない」,「競合他社と取引条件が同じなら選んでもらえる」（『日経MJ』2009年11月23日）と語っていた。
15　『日本経済新聞』2009年4月12日。
16　『日経MJ』2009年10月26日。
17　ダイエーニュースリリース 2010年5月13日。
18　『日経MJ』2010年3月1日。
19　『日本経済新聞』2011年4月21日，同2011年8月16日。
20　『日経MJ』2010年4月29日。
21　『日経MJ』2012年6月29日。
22　『日経MJ』2012年10月26日。
23　『日経MJ』2013年3月29日。
24　『日経MJ』2013年3月29日。
25　『日本経済新聞』2013年3月28日。
26　『日本経済新聞』2013年3月28日。
27　『日経MJ』2013年6月12日。
28　『日経MJ』2013年8月23日。
29　『日本経済新聞』2014年4月9日。

30 『日本経済新聞』2014年 5 月 4 日。
31 『日本経済新聞』2014年 5 月20日。
32 『日本経済新聞』2014年 5 月27日。
33 『日本経済新聞』2014年 9 月23日。

第4章 ダイエーの経営再建プロセスの検証

本章では，16年間にわたるダイエーの経営再建プロセスを基本的な指標に基づいて評価し，その経営再建が不調に終わったことを明らかにする。そして，その再建を阻んだ要因を整理し，その背景にあった再建関係者の思惑の相違や小売業の再建に特有の店舗閉鎖の問題について検討する。

1 ダイエー経営再建の評価

経営再建のプロセスは，(1)財務状態の改善，(2)事業体質の改善，(3)成長力の回復という3つの段階からなる（許斐 2005, p.57)。すなわち，財務再建（財務リストラ）と事業再建（事業リストラ）の両方が達成されたうえで，企業が改めて成長軌道に乗ることで，経営再建が成し遂げられたとみるのである。本章でも，これらの視点に基づいて，ダイエーの経営再建プロセスを評価する。

本章において，財務再建および事業再建の達成度合い，ならびにそれらの総合的指標として企業の成長性を評価する際の主な指標は**図表4－1**に示した通りである。

財務再建の達成度合いは，ダイエーの有利子負債額及び純資産比率の推移（連結）によって評価する。また，事業再建の達成度合いについては，

[図表 4 - 1] ダイエーの経営再建に関する主な評価指標

	指　標
財務再建	①有利子負債額（連結）　②純資産比率―含：総資産額（連結）
事業再建	①売上高　②営業利益（単体・連結） ③経常利益（単体・連結）　④既存店売上高前年比（単体）
総合的指標（成長性）	①株価　②企業価値（時価総額）

（出所：筆者作成）

売上高及び営業・経常利益（率）の推移（単体・連結）に加え，既存店売上高前年比（単体）の推移によって評価する。

そして，それらの総合的指標としての成長性については，ダイエーに対する市場の評価という観点から，株価と企業価値（時価総額）の推移によってみることとする。なお，検討にあたっては，適宜その他の情報についても参照する。

(1) 財務再建の評価―有利子負債額/純資産比率（連結）

ダイエーの有利子負債は，連結決算に実質支配力基準が適用された2000年度に2兆5,000億円に上ることが明らかになった。しかし，その後の再建期間を通じて，有利子負債は継続的に削減されていく（**図表 4 - 2**）。特に2002年度，2005年度の削減幅が大きく，債権放棄を含む金融支援の実行（債権放棄及び優先株式の併合・消却にて総額約8,700億円）が，ダイエーの有利子負債削減に大きな役割を果たしたことがわかる。

この他にも，自主再建以降のダイエーにおける事業売却の経緯をまとめると（**図表 4 - 3**），ローソン（計約5,600億円），リクルート（計約1,600億円）株式の売却が，有利子負債削減においては大きく貢献したことがわかる。まさに，優良事業であるがゆえの有利子負債削減効果の高さであった。

また，オーエムシー・カード（748億円）の売却も，売却額のみならず，

［図表4－2］ダイエーの有利子負債額の推移
（連結，単位：億円）

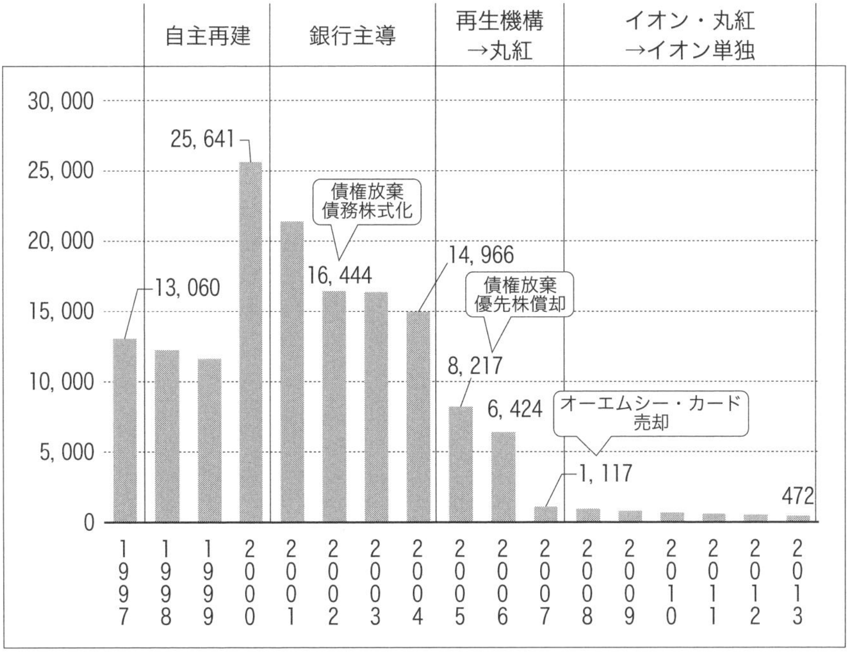

（出所：ダイエー財務データ）

オーエムシーが保有する有利子負債の削減という意味において，連結有利子負債削減への貢献度は大きかった。

一方，ダイエーの総資産額ならびに純資産比率の推移をみると（**図表4－4**），総資産額は，連結決算に実質支配力基準を適用した2000年度の32,441億円から2013年度には3,250億円と約1/10の規模に圧縮され，純資産比率も，2000年度のわずか1.5％から2013年度の33.6％へと大幅に改善されている。2013年度の法人企業統計によれば，資本金10億円以上の法人企業（全産業）の自己資本（純資産－新株予約権）比率は15.8％となっており，ダイエーの純資産比率の高さが窺える。

［図表 4－3］ダイエーの主な事業・資産売却の経緯

企業・物件名	時期		売却金額（億円）	売却先	
	年	月			
ディックファイナンス	1998	4	885	米アソシエイツ	自主再建
ほっかほっか亭	1999	4	83	プレナス	
アラモアナ・ショッピングセンター	1999	5	923	ゼネラルグロス	
ローソン株式①	2000	1	1,690	三菱商事	
ローソン株式②	2000	1	845	主力 4 行他	
リクルート株式①	2000	2	1,000	リクルート	
ローソン株式③	2000	7	1,840	株式上場	
マルエツ株式①	2000	11	35	丸紅	
ローソン株式④	2001	2	360	三菱商事	
マルエツ株式②	2001	3	40	丸紅	銀行主導
ダイエー情報システムズ	2001	7	15	富士ソフト	
ローソン株式⑤	2001	8	585	UBSウォーバーグ証券	
高島屋株式	2001	8	108	市場売却	
プランタン銀座	2001	8	70	MBO	
横浜ドリームランド	2001	10	88	横浜市，都築学園	
オレンジページ	2001	12	85	JR東日本	
ダイエーロジスティックシステム（CVS部門）	2001	12	50	三菱商事グループ	
エー・エス・エス	2002	1	35	カーライル	
ダイエー銀座ビル	2002	1	64	シャネル	
リッカー会館（銀座OMCビル）	2002	1	96	ダヴィンチ	
マルコー	2002	1	150	弐番	
ラス・コーポレーション	2002	2	21	ビジョンキャピタルSPC	
ダイエー・オリンピック・スポーツクラブ	2002	2	35	コナミ	
イチケン	2002	4	4	東洋テクノ	
キャプテン・クック	2002	7	1	ソデッソ J	
ハブ	2002	12	10	加ト吉	
ウェンディーズ	2002	12	46	ゼンショー	
ビッグボーイ	2002	12	87	ゼンショー	
新浦安オリエンタルホテル等 4 ホテル	2003	2	500	ゴールドマンサックス	
エックスワン	2003	2	10	ヤマノホールディングス	
丸専	2003	2	5	イヌイ運送	
ローソン株式⑥	2003	6	180	市場売却	
新神戸オリエンタルホテル	2004	2	125	モルガンスタンレー	

福岡ドーム・シーホーク	2004	3	720	コロニー	銀行主導
福岡ダイエーホークス	2005	1	50	ソフトバンク	
フォルクス	2005	2	23	どん	↓
リクルート株式②	2005	5	550	農林中金，あおぞら銀行他	再生機構&丸紅
ローソン株式⑦	2005	8	38	市場売却	
ドリームパーク	2005	11	10	テンラッシュ	
神戸らんぷ亭	2005	12	17	ミツイワ	
新歌舞伎座	2005	12	160	リサパートナーズ	
ローソン株式⑧	2006	1	37	市場売却	
ダイエーUSA	2006	2	33	ドン・キホーテ	
那覇ミート	2006	2	21	沖縄ホーメル	
西神オリエンタルホテル	2006	6	—	ジェイビーティ	
朝日ビルマネジメントサービス	2006	6	—	ザイマックス	
大栄商事	2006	8	—	オーエムシー	
リクルート株式③	2006	8	82	アドバンテッジパートナーズ	
パンドラ	2006	9	—	アミニティーズ	
富士デイリーフーズ	2006	9	—	ミツハシ	
六甲牛乳	2006	9	—	メロディアン	
朝日青果	2006	10	—	ベジテック	
不動産物件（30件）流動化	2007	1	875	TTリテール合同会社	
ジャパンプリントシステムズ	2007	2	—	ユメックス	
デイリートップ東日本	2007	2	—	協同乳業	
マルエツ株式③	2007	3	165	イオン	
ダイエー・オーエムシー株式	2007	7	748	三井住友銀行	
マルエツ株式④	2007	9	92	イオン	↓
		合計	13,692		

※売却額が「—」のものは不明，合計額から不明分は除く。

（出所：『日本経済新聞』記事，ダイエーニュースリリースより作成）

ダイエーの場合は，特に産業再生機構による支援以降の総資産の圧縮と純資産比率の急激な改善が顕著であった。産業再生機構による経営再建下では，2007年の１月に店舗・物流センターなど30物件の外部売却が行われるなど（計875億円），事業売却に加えて，不動産の売却にも踏み込んだことが特徴であった。

これらの指標の推移をみれば，ダイエーの経営再建において，資産圧縮

［図表 4－4］ダイエーの総資産額と純資産比率の推移
（連結，単位：億円，％）

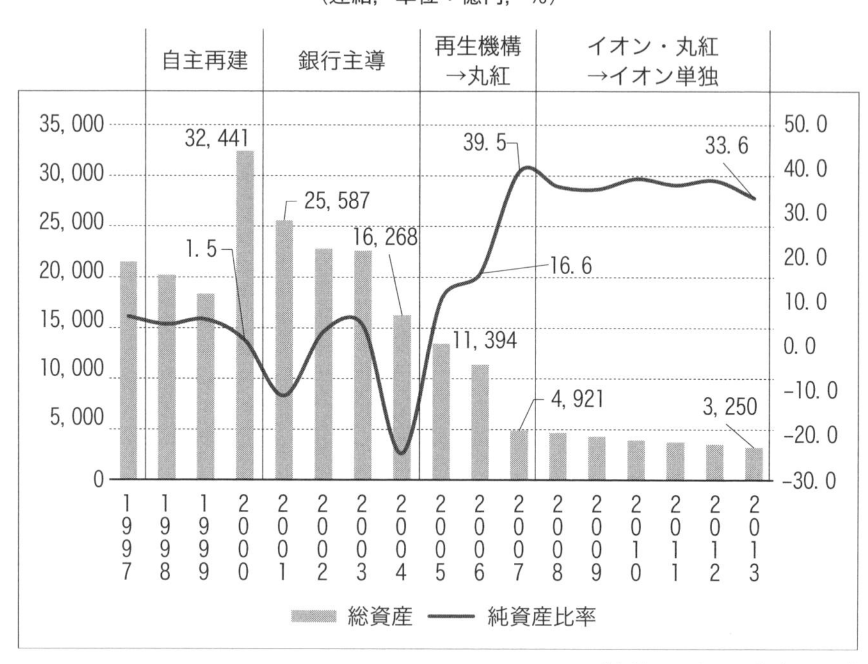

（出所：ダイエー財務データ）

を通じた財務再建は達成されたとみることができよう。

⑵ 事業再建の評価―売上高／営業・経常利益（率）（連結）他

一方，事業再建についてはどのように評価できるだろうか。

16年間にわたる再建期間を通じて，ダイエーの売上高（連結）はほぼ一貫して減少し続けた。1997年度には31,633億円であった売上高（連結）が，2013年度には8,136億円とほぼ４分の１の規模となった（**図表 4－5**）。ダイエーは日本最大の小売関連企業集団であったが，再建期間を経て，食品スーパーを中心とした小売事業のみの企業グループとなったのである。

このようなダイエーの連結売上高の大幅な減少は，ダイエー単体の店舗

［図表4－5］ダイエーの売上高の推移
（連結，単位：億円）

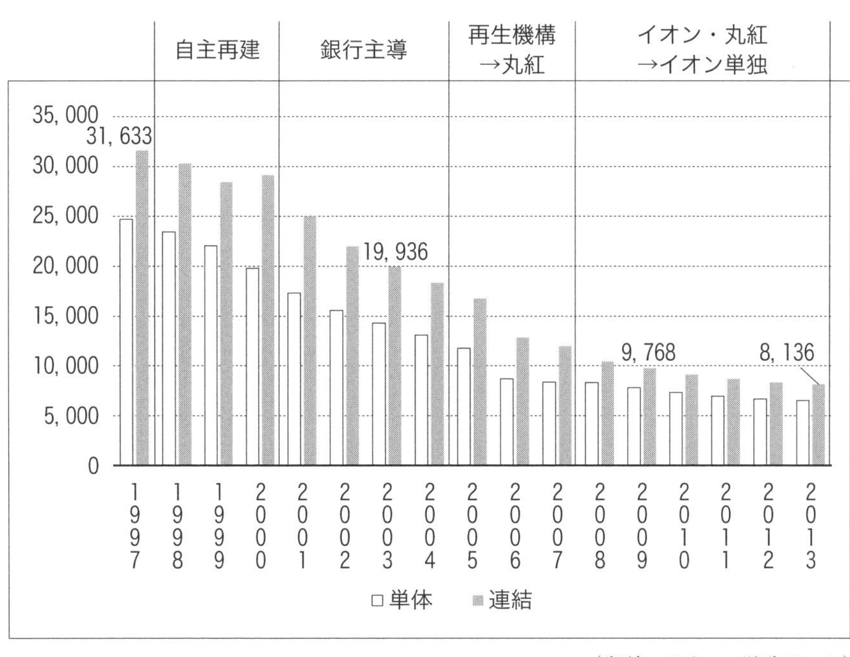

（出所：ダイエー財務データ）

閉鎖による売上減とグループ会社の売却によるものである。

ダイエー単体の店舗数は，1997年度には378店舗あったが，2013年度には198店まで減少した（**図表4－6**）。特に店舗閉鎖の規模が大きかったのは，自主再建期の1998年度から2000年度にかけての72店舗，主力銀行に債権放棄を伴う金融支援を要請した2002年度の55店舗，産業再生機構による経営再建下にあった2005年度の54店舗である。また，1店舗当たり売上高も50億円から30億円規模へと，経営再建期を通じて減少した。

また，連結会社数の推移は**図表4－7**に示されている。連結決算に実質支配力基準が適用された2000年度の171社をピークに，有利子負債や総資産の減少と軌を一にして，2013年度には26社までの規模となった。

［図表４－６］ダイエーの店舗数・１店舗当たり売上高の推移[1]
（単体，単位：店，億円）

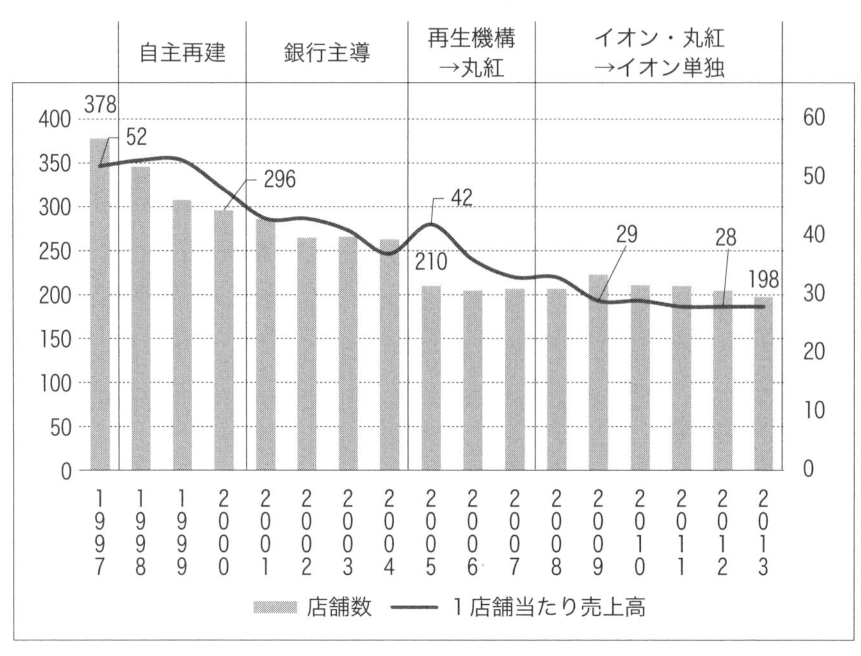

（出所：ダイエー財務データ，有価証券報告書，ダイエー創業50周年記念誌等）

このように，ダイエーの再建プロセスは，有利子負債の削減と引き換えに，事業規模を縮小させてきた歴史であった。それでは，このような事業規模の縮小が事業再建につながったのだろうか。事業ベースの利益状況をみるために，ダイエーの営業利益（単体・連結）の推移をみてみよう（**図表４－８**）。

まず気付くのは，ダイエー単体の営業利益（率）が継続的に低位にあることである。ややその持ち直しがみられるのは，2001年度から2003年度の数年間だが，この時期は2002年２月の「ダイエーグループ新３か年計画」に示された60店規模の店舗閉鎖計画など，不振店の店舗閉鎖が続いており（2001年度15店舗，2002年度55店舗，2003年度３店舗），そのために毎年の

［図表4－7］ダイエーの連結会社数の推移

（単位：社）

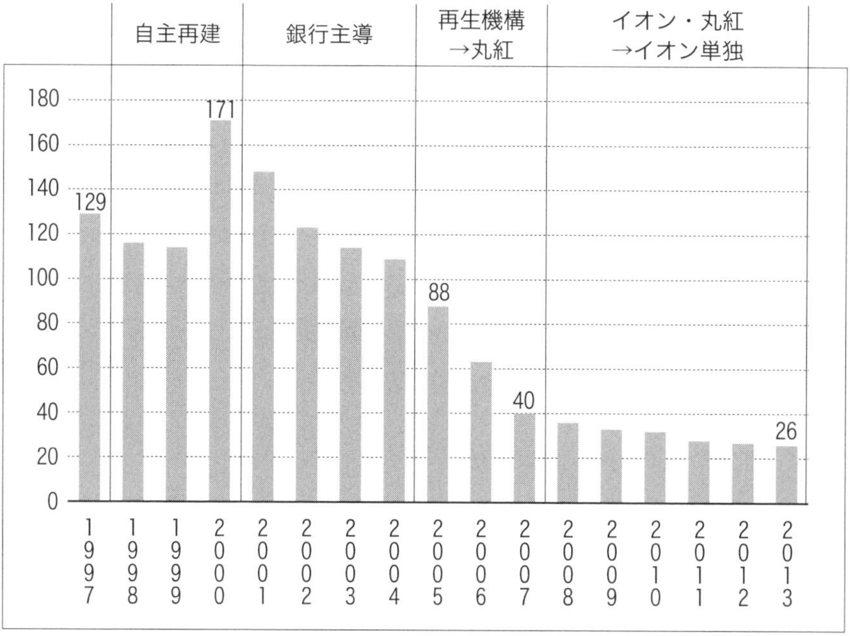

自主再建　銀行主導　再生機構→丸紅　イオン・丸紅→イオン単独

180
160
140
120
100
80
60
40
20
0

129　171　88　40　26

1997　1998　1999　2000　2001　2002　2003　2004　2005　2006　2007　2008　2009　2010　2011　2012　2013

※連結会社数＝連結子会社数＋持分法適用会社数　（出所：ダイエー財務データ）

ように売上高が減少していた。一方，この時期は，ハイパーマート，Kou'sからの完全撤退に加え，人員削減，店舗家賃の減額交渉などの経費削減策によって前年度とほぼ同額の営業利益を確保していたため，結果的に（売上高対比での）営業利益率が改善したものである。

実際には，**図表4－9**にみられるように，営業時間の延長や福岡ダイエーホークスの優勝セール等が行われた2003年度を除けば，この時期も既存店売上高前年比は100％を回復していない。売上高及び利益改善という観点からの総合スーパー事業（単体）の再建は果たされないままであったといえるだろう。

また，ダイエーの営業利益（率）は，2003年度以降2007年度まで，単体

［図表４－８］ダイエーの営業利益の推移
（単体・連結，単位：億円，％）

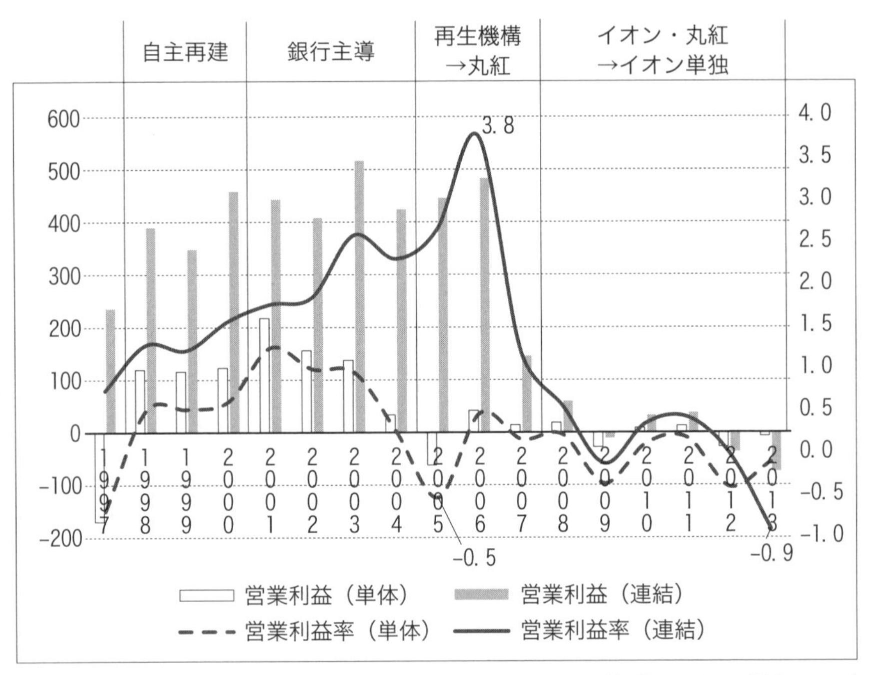

（出所：ダイエー財務データ）

と連結との乖離が大きいことが特徴である（図表４－８）。単体の総合スーパー事業では営業利益（率）が低位なのに対して，連結では400億円～500億円（２～３％程度）の営業利益（率）を確保している。

これは，主にオーエムシー・カードの貢献によるものである。ダイエーの連結決算においては，2000年度まではローソンの貢献が大きかったが（株式売却により2001年度以降は連結対象外），それ以降はオーエムシー・カードの貢献度が高くなった。

オーエムシー・カードは，ダイエーの連結対象であった2001年度から2007年度まで，毎年200～350億円程度の営業利益を計上しており，それが

［図表4-9］ダイエーの既存店売上高前年比の推移
（単体，単位：%）

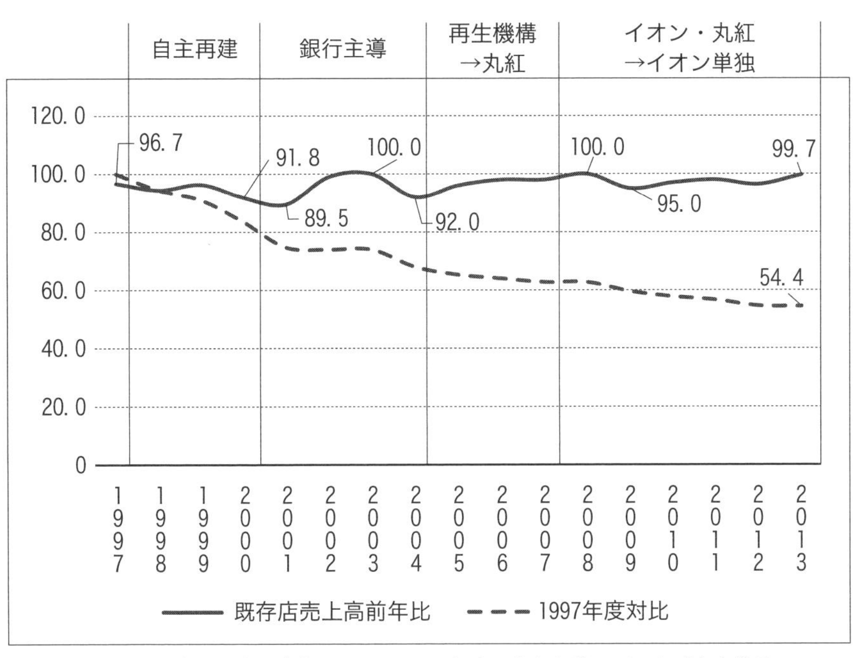

（出所：ダイエー決算発表資料各年版，2012, 2013年度は大和証券レポート『小売業界のマンスリー』2013年1月号，2014年1月号からの推測）

ダイエーの連結決算に貢献したのである。そのため，株式売却によりオーエムシー・カードが連結対象から外れた2008年度以降は，連結と単体の営業利益（率）がほぼ同一の軌跡を描くようになった。

ここで，経常利益（率）の推移についても確認しておこう（**図表4-10**）。

経常利益（率）も，営業利益（率）と同様に，ダイエー単体では低位の状況が継続した。単体と連結の乖離は，ここでもオーエムシー・カードの影響が大きくなっている（2005年度，2006年度といずれも経常利益330～360億円程度を計上）。

また，連結における営業利益（率）と経常利益（率）の乖離は，支払利

［図表 4-10］ダイエーの経常利益の推移
（単体・連結，単位：億円，％）

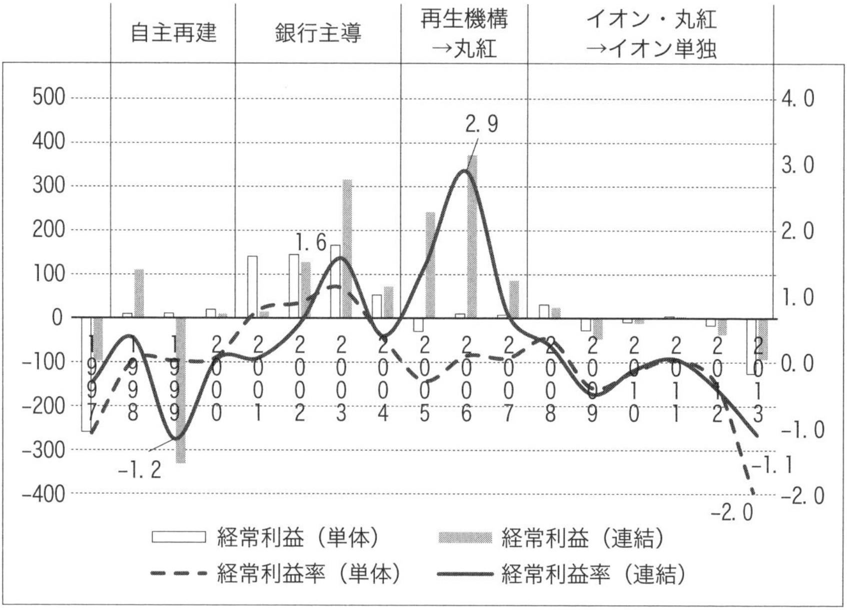

（出所：ダイエー財務データ）

息の影響である。例えば，2000年度から2002年度にかけて営業利益（率）が相応の水準にあったにもかかわらず，経常利益（率）が低位であったのは，連結有利子負債額がそれぞれ2.5兆円，2.1兆円，1.6兆円と高水準にあったからである（2004年度の乖離も，ダイエー単体の利益水準が低調であったことに加え，約1.5兆円もの有利子負債の支払利息が影響）。その後，営業利益率と経常利益率は，有利子負債の削減とオーエムシー・カードの売却を経て，ほぼ軌を一にするようになった。

以上のような営業利益（率）や既存店売上高前年比の推移をふまえれば，再建期間を通じて，ダイエーの総合スーパー事業（単体）の営業力は回復しなかったといえる。つまり，ダイエーの事業再建は不調に終わったとみるのが妥当である。

(3) 総合的評価―株価/企業価値（時価総額）

つぎに，ダイエーの時価総額・株価の推移について確認しよう（**図表4-11**）。

ダイエーの時価総額[2]は，1998年2月末（1997年度）の4,248億円から，2014年2月末（2013年度）の595億円へと，再建期間を経てわずか14%となった。

株価の継続的な下落と発行済株式数の減少（2002年度に1/2に，2005年度に1/10に株式併合）によるものである。再建期間を通じて時価総額を増

[図表4-11] ダイエーの株価・時価総額の推移
（単位：億円，円）

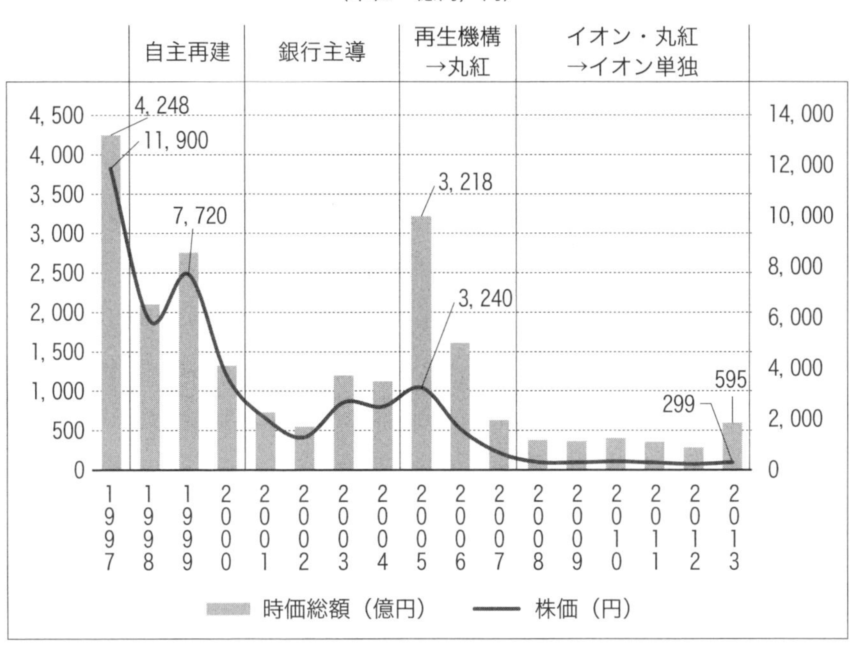

（出所：ダイエー財務データ，野村證券時系列株価データを加工）

加させたのは，鳥羽新社長（当時）が誕生し，有利子負債の１兆円削減計画が掲げられた1999年度，産業再生機構下での経営再建がスタートした2005年度だけであった。株式市場が，ダイエー再建には外部の介入による抜本的な対策が必要とみなしていたことが窺える。

株価は企業の成長期待を反映するといわれるが，再建期間を通じてダイエーは株価を反転させることができず，時価総額を大幅に低下させてきたのである。

以上の検討をふまえれば，ダイエーの経営再建については以下の２点を指摘することができるように思われる。まず，①ダイエーの経営再建は全体として不調に終わったこと，そして，その状況を財務再建と事業再建に分けて捉えれば，②財務再建は達成されたが事業再建は達成されなかったこと，以上の２点である。

2　ダイエーの経営再建を阻んだ要因

ダイエーの経営再建において財務再建が果たされたのは，銀行主導下での経営再建に入った2001年度以降，金融支援と併せて事業・資産売却が加速したからである。また，産業再生機構の支援下に入ってからも，その早期支援終了に伴う債権借り換えに対応すべく，有利子負債を一定水準以下に抑えるために事業・資産売却が継続した。先にもみたように，大幅な資産圧縮を通じて，ダイエーの財務再建は果たされたのである。

一方，ダイエーの経営再建プロセスにおいて事業再建が果たされなかった要因は，以下の３点に整理できるように思われる。すなわち，①自主再建段階において，総合スーパー事業からの撤退を含む抜本的な事業構造改革が見送られたこと，②再建期間を通じて，リクルート，ローソン，オーエムシー・カード等の優良事業が売却されたこと，そして，③複数の再建主体が関わるなかで，小売事業の再建に向けて一貫した業態戦略を採り得なかったこと，これらの3点である。

①の事業構造改革は，実行には大きな困難が伴ったものと思われる。当時は中内社長の在任中であり，総合スーパー事業からの撤退は困難な選択肢であったはずである。

企業が転機に差しかかったとき，取り得る選択肢には「可能集合」と「想起集合」がある（田村 2016，pp.105－107）。可能集合とは取り得る選択肢の全体像，想起集合とは，経営者の視野にある主観的な選択肢である。想起集合は，経営者の信念や思い込みが影響を与えるといわれるが，日本において総合スーパー業態を生み，流通革命を目指して事業拡大を図ってきた中内社長（当時）には，総合スーパーから撤退するような選択肢はなかったということであろう。

②のグループ内の優良事業の売却は，いずれも有利子負債の削減という大目的のために行われたものである。主力銀行や産業再生機構の早期支援終了に伴って債務借り換えに応じた金融機関にとっては，ダイエー向け債権の不良債権化を避け，債権の回収可能性を高めることが最大の関心事であった。そのため，ダイエーという企業の再建より，有利子負債の削減が重視されたのである。

③の業態戦略の変更とは，2000年度に中堅社員たちによって，また産業再生機構による経営再建下において食品スーパーへの転換という業態戦略が示されたものの，丸紅・イオン主導下で総合スーパー路線に回帰したり，それでも業績が上向かないと再度SSMへと業態戦略が変更されたりしたことを指している[3]。

このような業態戦略の転換は，再建主体が変更するたびに，その思惑や戦略の影響を受けたためである。丸紅は，イオンとの取引拡大という思惑があって（総合スーパーに関する）イオンの再建ノウハウに期待し，イオンも自らのグループ拡大戦略の下に，（同じ総合スーパーとしての）ダイエーに対して仕入れの共同化や物流システムの適用を図ろうとしたのであろう。

このようにみてくると，ダイエーの再建を阻んだ要因のうち，①と②については，企業を再建するのか，事業を再建するのかという重要な問題が明確にされずに経営再建が進んでいったことが影響したように思われる。すなわち，企業の事業構造を大幅に変化させても企業そのものを存続させるのか，あるいは既存の事業を再活性化していくのかという問題である。ただし，当時の中内社長にとって，企業の再建イコール事業の再建であった可能性があることは，先にも述べた通りである。

また，②と③については，再建主体の思惑が影響を及ぼしている。主力銀行の影響下では債権保全という思惑が優先され，丸紅・イオン主導下では取引拡大もしくはグループ拡大という思惑が優先されたのである。

このような背景から，主力銀行主導での経営再建に入ってからのダイエーに関しては，明確な再建イメージが描かれることなく，有利子負債削減のためにグループ内の優良事業が売却され，小売業態戦略にも一貫性が担保されなかったように思われる。

経営再建にあたっては，「ステークホルダー間で企業の再生に関して思惑が相違することが多く，一企業として単一の目標が立て難い」という指摘がある（許斐 2005，p.7）。おそらく同様の事態がダイエーにも起こっていたのである。

以上をふまえれば，ダイエーの経営再建プロセスは，再建関係者の思惑に左右された事業縮小の歴史であったように思われる。

3　再建関係者の思惑と損得

ここで，ダイエー再建に関わった関係者（再建主体他）ごとの思惑について改めて整理してみよう。関係者による思惑の相違は，施策の相違に帰結することがわかる（**図表4-12**）。

まず，創業者もしくは内部経営者は，事業の継続性と経営の自主性を担保するための施策を展開する。銀行主導での再建時の髙木社長も，主力銀行から金融支援を受けながらも，経営の自主性を維持すべく事業改善と有利子負債の削減に取り組んだ。しかし，事業改善に向けた打ち手はこれまでの成功体験の再現が主であり，効果を上げることができなかった。

主力銀行は，不良債権問題への対処が迫られるなか，ダイエー向けの債権が不良債権化することは避けたかった。そこで，ダイエーの有利子負債削減を第一義として事業・資産売却を推進し，最終的にはダイエーを産業

[図表4-12] ダイエー再建関係者の思惑と施策

再建主体	思惑（目的）	施策（打ち手）
創業者・内部経営者	事業の継続性を確保する 経営の自主性を取り戻す	成功体験の再現 利害関係者との協力模索
主力銀行	債権区分の正常化 債権回収可能性の担保	有利子負債の削減 資産圧縮を通じた財務再建
外部招聘経営者	短期的経営改善 専門経営者としての成功	経営課題への即時的対処 独自の経営スタイルの移植
産業再生機構	国策としての経営再建の成功 透明性・公平性の担保	負の遺産の一括処理 選択と集中による経営再建
支援企業	事業拡大・グループ戦略への貢献 株価上昇	自社の資源・ノウハウの活用 事業の選択的取り込み

（出所：筆者作成）

再生機構の活用へと追い込んでいった。

外部から招聘された経営者には，短期的な経営改善が要請される。したがって，自らの経営スタイルを移植しながら，経営課題の抽出とその改善を急ぐ。銀行主導での経営再建下にあった平山副社長，遠藤専務らも，同様に短期的な業績改善を目指した施策を展開したのである。しかし，いずれも過去の成功体験の再現を試みたことから，市場環境が変化するなか成果を上げることはできなかった。

一方，産業再生機構による経営再建下での樋口社長の場合には，総合スーパー事業を縮小し，食品スーパーへの転換を図るという業態戦略が産業再生機構から示されていた。したがって，その実現に向け，具体的な施策を展開しやすかったといえる。

樋口社長は，産業再生機構とともに不良在庫の処分，リベートの廃止など，ダイエーにおける負の遺産の一掃にも取り組み，既存店売上高前年比のトレンドを回復させるなど，一定の成果を上げた。産業再生機構下での経営再建には，国策として透明性・公平性の担保が求められていたこともあり，事業運営の正常化という観点からは概ね実態に即した対策が取られたように思われる。

支援企業としては，自社の事業もしくは業績への貢献が主目的となる。ダイエー再建に関わったAP，丸紅，イオンのいずれも同様であり，再建に向けた施策も自社の経営資源やノウハウを活用したものになりがちであった。

このように，経営再建に関わる関係者ごとに思惑と施策が異なってくる。ダイエーの経営再建は，再建主体の度重なる変更に見舞われたが，その結果が明確な再建イメージの不在と業態戦略の混乱であったように思われる。

ここで，ダイエー再建に関わった支援企業ごとの損益についてもまとめてみよう（**図表 4 -13**）。

産業再生機構は，銀行業界が預金保険機構を通じて総額505億円を出資することで2003年4月に設立されたが，支援先企業の再建が不調であった場合は公的資金によって損失を埋める仕組みとされていた。同機構は約40社への支援を行ったが，再建は順調に進み，ダイエーを含めて株式売却益で300億円台の利益を積み上げている[4]。うちダイエーの経営再建にあたっては，丸紅への株式売却を通じて198億円の利益を計上した。同様に，APも売却益を計上している。

一方，丸紅は，2001年度のダイエーとの包括提携（株式の5％を66億円で取得）を含め，ダイエーに対して計950億円もの投資を行ったが，イオンへの売却額は600億円弱に留まった。2005年から9年間にわたり，ダイ

［図表4-13］ダイエー再建に関わる支援企業ごとの損益

支援企業	取得額	売却額	損益	備　考
産業再生機構	500	698	＋198	2005年 500億円で取得 （現金100億円，DES400億円） 2006年 698億円で売却（丸紅へ）
アドバンテッジパートナーズ（AP）	434	575	＋141	2005年 434億円で取得 2006年 479億円で売却（リーマン・ブラザースへ） 2010年 96億円で売却（ドイツ証券へ）
丸紅	950	593	−357	2001年 66億円，2005年 186億円，2006年 698億円で取得 2007年 462億円，2013年 131億円で売却（イオンへ） （その後，上場廃止までに保有残5％分をイオンに売却―売却額不明）
イオン	593	(235)	(−358)	2007年 462億円，2013年 131億円で取得＋市場にて買入れ 2014年12月上場廃止時点 時価235億円（株価134円換算）

※丸紅の売却額には，ダイエーの上場廃止までにイオンに売却したと思われる5％分は含まない。また，売却額・損益欄の（　）は見込額を示している。

（出所：『日本経済新聞』，ダイエーニュースリリース等から筆者作成）

エーに再建主体として関わったものの，業績改善と株価上昇が果たされなかったためである。丸紅がダイエーとの取引において，損失額の357億円を超える利益が得られたか否かについては不明である。

イオンは，593億円でダイエー株式を取得した。2015年１月１日付けでダイエーを完全子会社化したが，ダイエー株式が上場廃止となった時点では358億円の損失が見込まれていた（ダイエーの上場廃止時における時価総額をイオンの持株比率44.15％で計算）。ダイエーの店舗数は，2018年度末時点（2019年２月期）で170店舗だが[5]，2018年度の第４四半期においてようやく営業黒字化を果たした状況であり[6]，今後投資に見合う利益が得られるかどうかは依然不明である。

4　小売業再建に特有の課題—店舗閉鎖の功罪

ここでは，小売業の経営再建に特有の課題として，店舗閉鎖の問題を取り上げる。小売業，特に多数の店舗を直営で展開するチェーンストアの再建に関して，重要な視点となると思われるからである。

ダイエーの経営再建においては，図表４－６でもみたように，店舗数と店舗規模が継続的に縮小されてきた。うち，単年度ベースで大規模な店舗閉鎖が実行されたのが，1998年度（31店舗），2002年度（55店舗），2005年（54店舗）等であった。

本来であれば，営業不振店を一度に大量閉鎖すれば（短期的には閉鎖損失が発生するものの），残存店舗の営業を通じて業績改善が可能になるはずである。ところが，ダイエーの場合は，大規模な店舗閉鎖が複数回継続した。営業不振店を閉鎖したにもかかわらず，また新たな営業不振店が生まれてくるという構図であった。

なぜこのような事態になるのだろうか。そこには，店舗の競争力劣化という問題に加え，チェーンストア特有の本部経費の負担問題が存在しているのである。

チェーンストアでは，一般的に本部経費（人件費，賃料，広告費，物流費など）を各店舗に按分し，店舗段階の営業利益から差し引くことで店舗利益を算出するという管理会計手法を採っている。つまり，店舗閉鎖が行われると，その売上減少分に比例した本部経費の削減が行われない限り，残存店舗の本部経費負担（率）が上昇するという問題に直面するのである。

ダイエーの場合，本部経費負担率は，店舗あたり売上高の約４％であった。したがって，店舗閉鎖を行えば，その売上高の４％相当の本部経費が新たに残存店舗の負担となるのである。

ここで，閉鎖店舗に按分されていた本部経費を残存本部経費と呼ぼう。残存本部経費は，店舗閉鎖が行われるにつれて累積する。その残存本部経費の累積額とその売上高比率（当該年度の店舗売上高比）の状況を示したものが**図表４-14**である。

なお，年度ごとの残存本部経費は，「当該年度における前年度からの減少店舗数×（当該年度の１店舗当たり売上高/2）×４％」にて算出している（１店舗当たり売上高を２で除しているのは，閉鎖店舗の平均稼働期間を半年と仮定したものである）。また，残存本部経費を当該年度の１店舗当たり売上高の４％で算出しているということは，１店舗あたり売上高が年度ごとに漸減しているため（図表４-６），残存本部経費を保守的に見積もることにもなっている。

図表４-14からは，自主再建から銀行主導下での経営再建期には，残存本部経費の影響は少ないものの，産業再生機構による経営再建下に入ってからは，その売上高比率が一気に２％台へと上昇していくことがわかる。このような状況下では，店舗段階で営業利益率が２％程度の店舗は，残存本部経費負担により赤字に転落することになる。

[図表 4 -14] ダイエーにおける残存本部経費の累計額と売上高比率の推移
(単位：億円，％)

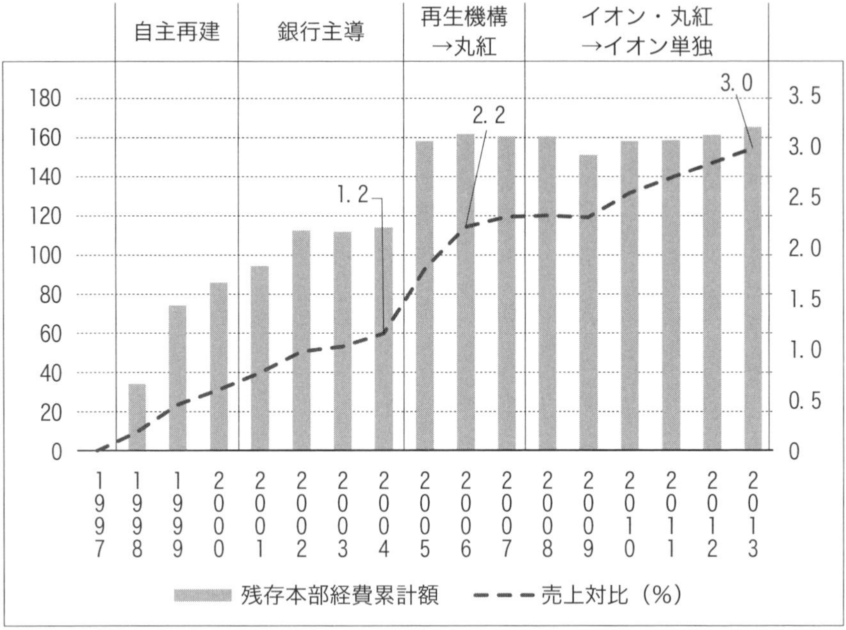

自主再建 銀行主導 再生機構→丸紅 イオン・丸紅→イオン単独

残存本部経費累計額 売上対比（％）

（出所：ダイエー財務データ，有価証券報告書他）

ダイエーを完全子会社化する方針とともに，2013年度にイオンから派遣された村井社長（当時）は，ダイエーを指して「本部人員がむちゃくちゃ多い」と指摘した[7]。抜本的な本部体制の見直しが行われず，2013年度にこのような状況であったとすれば，ダイエーの経営再建においては，店舗を閉鎖すればするほど新たな不振店を生むという構図であった可能性がある。

なお，店舗閉鎖にあたって考慮すべきは本部経費だけではない。閉鎖店舗の正社員人件費についても検討の必要がある。閉鎖店舗の正社員を他の店舗に配置転換するだけであれば，他の店舗の人件費率の上昇を招くからである。ダイエーの場合は，店舗当たり売上高の４～５％が正社員人件費の割合であった。このような正社員人件費の取り扱いについても，本部経費の負担問題と同様に新たな赤字店を生む要因となる。

したがって，ダイエーのようなチェーンストアの経営再建にあたっては，店舗閉鎖と並行して，本部体制の見直し（スリム化）や人員削減が行われない限り，店舗閉鎖が新たな店舗閉鎖を招くという負のスパイラルに陥る可能性を指摘することができるのである。

また，店舗閉鎖による事業規模の縮小は，同時に仕入規模や消費者との接点の縮小という問題も提起する。チェーンストアの経営再建，特に事業規模の縮小を図る場合には，仕入面等での不利を挽回するだけの業態戦略，店舗配置計画，商品計画等が総合的に検討されなければならないのである。

1　ここでの１店舗当たり売上高は，店舗売上高のみ（除：その他営業収益）で計算している。

2　時価総額は，各年度末の株価×発行済株式数で算出している。例えば，1997年度であれば，595円［11,900円×0.5（2001年度の1/2併合）×0.1（2005年度の0/10併合）］×714百万株にて，4,248億円となる。

3　食品スーパーへの転換が徹底できなかったことがダイエーの再建を阻んだ大きな要因だということは，ダイエーのイオン傘下入り時にも論評された（『日経MJ』2013年３月29日）。

4　産業再生機構ニュースリリース（2007年３月15日付）。

5　イオン㈱2019年２月期決算発表用補足資料より。なお，ダイエーの連結子会社であったディスカウントストアのビッグ・エー（2019年２月期現在，229店舗）は，イオンの連結子会社となったため，同年度決算よりダイエーの店舗数から除かれている。

6　イオン㈱2019年２月期決算発表用資料より。

7　『日本経済新聞』2014年９月26日。

終章
ダイエーの経営再建が示唆するもの
―今後の経営再建に向けて

本書のまとめにあたり，今後の経営再建に向けて，ダイエーの事例が示唆することについてまとめておこう。

(1) 自主再建段階において経営再建を果たすこと

まず指摘できることは，「自主再建段階において経営再建を果たすこと」が重要だということである。

ダイエーの場合，自主再建が不調に終わり，主力銀行，産業再生機構，支援企業（丸紅・APからイオンへ）と再建主体の度重なる変更に見舞われた。それらの再建主体が，それぞれの思惑をもってダイエーの再建に関わったことは，すでに見てきた通りである。その結果，ダイエーは事業再建を果たすことができず，経営再建に失敗した。

しかし，再建関係者ごとに思惑が相違することは避けられないことでもある。したがって，再建関係者ごとの思惑の相違に翻弄されることなく経営再建を進めるには，自主再建段階において経営再建を果たすしかない。このことを改めて確認しておきたい。

しかし，自主再建に取り組む場合にもいくつかの留意点がある。いずれも，ダイエーの事例から示唆されることである。

⑵ 企業を再建するのか，事業を再建するのかを明確にすること

事業構造の転換を含め，企業としての存続を目指すのか，あるいは既存事業の再活性化を目指すのかを明確にすべきということである。

ダイエーの場合，1997年度に，総合スーパー事業から撤退し，コンビニエンス・ストア事業（ローソン），クレジット事業（ダイエー・オーエムシー―当時），情報事業（リクルート）に事業領域を絞り込むという計画が検討されたことがあった。この計画が採用されることはなかったが，これ以降，ダイエーでは総合スーパー事業の再建が基本路線となり，それ以外の事業は売却されていく。つまり，ダイエーという企業の再建イコール総合スーパー事業の再建という図式になっていくのである。

自主再建段階において，もしダイエーが企業自体の存続もしくは再建を選択していれば，おそらく複数の打ち手が存在していたはずである。しかし，ダイエーの場合，主要な優良事業売却の前に，将来的な事業構造に関する充分な検討が行われた形跡はみられなかった。

当時のダイエーのように複数の事業を展開している場合には，事業領域の再検討を行い，企業自体の再建を目指すのか，既存事業の再強化を目指すのかを冷静に検討することが必要であろう。

⑶ 外部の目を活用すること

企業再建か事業再建かを含め，経営再建に関わる重要な方向性やプロセスの検討にあたっては，合理性や客観性の担保が必要である。ダイエーの場合，“カリスマ”ともいわれた中内㓛社長（当時）の影響力が強かったこともあり，社内の議論においてこれらが充分に担保されているとはいえない状況にあった。

そこで，経営再建に外部の目を取り込むことが重要になる。外部の機

関・人材等による事業性評価を経営再建の方向づけに生かすのである。ダイエーの場合，産業再生機構の支援下に入って，はじめて外部の目による詳細な事業性評価が行われたといえる。その結果が食品スーパーへの転換という業態戦略の採用であり，店舗も都市部に絞り込むという店舗展開エリアの見直しだったのである。

これらの事業計画は，その後，丸紅やイオンによって修正を余儀なくされるが，毎年のように店舗数や売上高を減少させてきた当時のダイエーにとって，事業改善に向けて一定の合理性が認められるものであったといえよう。

このような例からも，経営再建においては，自主再建段階から外部の機関・人材等を活用し，その分析・評価を意思決定に反映させていくことが必要である。

(4) 店舗閉鎖は適正な事業再建計画と連動させて一気に実施すること

これは，特にチェーンストアの再建に関わる問題である。

前章でみたように，不振店舗の閉鎖にあたっては，本部経費や閉鎖店舗の正社員人件費に関する配慮が必要となる。したがって，それらを同時にスリム化する対策を取らないと，店舗閉鎖が新たな店舗閉鎖を生むという負のスパイラルに陥る可能性があることに留意すべきである。

また，店舗閉鎖の実施にあたっては，単に不振店を閉鎖するのではなく，適正な事業再建計画に基づき，戦略的な店舗閉鎖を行うことが必要である。すなわち，競争環境をふまえた業態の修正・転換や，物流・加工センター等の配置も含めた店舗展開計画に基づいた店舗閉鎖を行うのである。

ダイエーの場合，産業再生機構による支援下でこのような検討が行われたが，それ以降は五月雨式に不振店舗の閉鎖が行われていった感がある。それでは，チェーンストアを新たな成長軌道に乗せることは難しいように思われる。

また，店舗閉鎖は，社員の意気低下，企業イメージの低下，仕入規模の減少等，チェーンストアに対して多くの負の影響を与えるものである。それを繰り返すことなく，一気に実施することで，新たな小売業の姿を印象付けていくこともチェーンストアの再建にとっては重要であろう。

あとがき

日本最大の小売企業であったダイエーは経営破綻し，その経営再建もなかなかうまく進まなかった。そこでは一体何が起こっていたのだろうか，これが筆者たちの率直な問題意識であった。本書では，その経営再建プロセスに重点を置き，記述・検討を試みた。長期にわたるプロセスを対象としたため，不充分な点もあったかと思う。ご批判，ご教示を頂ければ幸いである。

筆者である高橋義昭と森山一郎は，ともにダイエーの経営企画本部での勤務経験を有している。とくに高橋は，取締役経営企画本部長，代表取締役社長代行として，同社の経営再建に深く関わった。その経験もあり，ダイエーの経営再建プロセスの全体を改めて振り返り，何が問題だったのかを明らかにしたいという思いが強かったのである。

ダイエーは，イオングループにおいてようやく事業改善の兆しが見えたものの，いまだ再建途上にある。今後ダイエーに携わる方たちが，変化する流通環境のなかで，新たなダイエーの姿を描き出して行かれることに期待したい。

執筆にあたっては，多くのダイエーOBの方々にヒヤリング調査を受け入れて頂いた。森山が最初のヒヤリング調査を試みたのが，2012年３月のことである。それ以来，約９年間を資料の収集，検討，執筆に費やしたことになる。ヒヤリング調査を受け入れてくださった方々に御礼申し上げるとともに，ここまでの時間を要してしまったことをお詫びしたい。

本書の出版に際しては，青山学院大学名誉教授 懸田豊先生から，原稿段階で有益なアドバイスを頂戴した。中央経済社学術書編集部　納見伸之編集長からは，出版に際しての適切なご支援を頂いた。また，本書は，静岡文化芸術大学からの出版助成を受けたものである。筆者として，厚く御礼申し上げたい。

2020年3月

高橋　義昭
森山　一郎

参考文献

許斐義信編（2005）『ケースブック企業再生』中央経済社。
小峰隆夫編（2011）「歴史編　第2巻　日本経済の記録―金融危機，デフレと回復過程―」『シリーズ バブル/デフレ期の日本経済と経済政策』内閣府経済社会総合研究所。(http://www.esri.go.jp/jp/prj/sbubble/history/history_02/history_02.html)
ダイエー編（2007）『創業50周年誌［The Origin 原点へ 未来へ］』。
ダイエー社史編纂室編（1992）『For the Customers　ダイエーグループ35年の記録』アシーネ。
田村正紀（2016）『経営事例の物語分析―企業盛衰のダイナミクスをつかむ』白桃書房。
中内㓛（1969）『わが安売り哲学』日本経済新聞社。
中内潤・御厨貴編著（2009）『生涯を流通革命に捧げた男　中内㓛』千倉書房。
日本経済新聞社編（2004）『ドキュメント　ダイエー落城』日本経済新聞社。
三品和広・三品ゼミ（2011）『総合スーパーの興亡　ダイエー，ヨーカ堂，ジャスコの戦略』東洋経済新報社。
森田松太郎・杉之尾宜生（2007）『撤退の研究　時機を得た戦略の転換』日本経済新聞出版社。
矢作敏行（1998）「総合スーパーの成立　ダイエーの台頭」『マーケティング革新の時代4　営業・流通革新』有斐閣。
流通科学大学中内資料館（2003）『ダイエーグループ年表』。

以上の他に，『日経ビジネス』『週刊ダイヤモンド』『エコノミスト』『日本経済新聞』『日経MJ（日経流通新聞）』『朝日新聞』各号を参照した。

（付属資料１） ダイエーの業績推移（単体/連結）

（単位：億円）

年度	主要 財務数値（上段：連結，下段：単体）							株式		
	売上高	営業利益	経常利益	当期純利益	総資産	有利子負債	純資産	株価（円）	発行済株式数（百万株）	時価総額
1988	19,397	445	255	80	10,114	5,736	1,104	44,600	376	8,395
	16,753	398	237	78	7,774	3,683	1,788			
1989	21,929	522	303	95	11,106	6,017	1,335	49,400	387	9,551
	17,773	409	256	86	8,351	3,818	1,973			
1990	22,837	580	320	96	12,310	6,758	1,415	29,800	389	5,799
	18,421	432	267	90	9,111	4,424	2,036			
1991	25,011	690	333	101	14,652	8,240	1,497	20,400	406	4,144
	20,259	476	275	93	10,323	5,213	2,088			
1992	25,151	694	322	72	15,681	9,206	1,523	16,520	409	3,378
	20,152	417	240	80	9,934	4,850	2,107			
1993	26,537	628	286	55	16,198	9,640	1,228	35,000	546	9,550
	20,734	364	220	100	9,938	4,330	2,307			
1994	32,239	523	76	−507	22,184	14,233	1,581	21,400	714	7,637
	25,415	202	72	−257	12,744	6,387	2,685			
1995	31,570	768	373	51	21,383	13,808	1,528	25,000	714	8,921
	25,034	404	250	140	12,422	6,294	2,707			
1996	31,461	445	102	−119	21,963	14,306	1,336	15,960	714	5,695
	25,055	25	6	12	12,650	6,597	2,600			
1997	31,633	236	−98	12	21,504	13,060	1,477	11,900	714	4,248
	24,702	−169	−258	11	13,024	6,982	2,494			
1998	30,320	390	111	−413	20,218	12,264	1,037	5,900	714	2,105
	23,426	119	10	10	12,257	6,558	2,468			
1999	28,471	348	−332	−219	18,346	11,623	1,139	7,720	714	2,755
	22,048	116	11	11	11,818	6,607	2,480			
2000	29,141	459	10	459	32,441	25,641	475	3,700	714	1,320
	19,806	123	20	−1,922	14,501	8,296	2,184			
2001	24,989	443	15	−3,325	25,587	21,394	−2,819	2,040	714	728
	17,312	217	141	−4,582	12,094	8,822	−2,405			
2002	21,975	408	128	1,354	22,782	16,444	790	1,290	426	549
	15,576	156	145	1,000	13,951	8,377	885			

年度	主要 財務数値（上段：連結，下段：単体）							株式		
	売上高	営業利益	経常利益	当期純利益	総資産	有利子負債	純資産	株価（円）	発行済株式数（百万株）	時価総額
2003	19,936	517	315	182	22,608	16,384	1,106	2,660	450	1,197
	14,303	137	166	146	14,216	9,804	1,064			
2004	18,338	424	73	−5,112	16,268	14,966	−3,894	2,490	450	1,120
	13,082	34	53	−4,737	11,361	9,569	−3,694			
2005	16,751	445	243	4,132	13,433	8,217	1,439	3,240	99	3,218
	11,755	−62	−30	3,699	8,371	4,130	1,125			
2006	12,839	483	373	413	11,394	6,424	1,887	1,623	99	1,612
	8,699	41	11	391	5,534	2,385	1,499			
2007	11,960	144	86	402	4,921	1,117	1,946	679	123	832
	8,360	14	8	331	4,686	1,328	1,840			
2008	10,409	59	26	−237	4,705	949	1,702	309	123	379
	8,307	19	32	−326	4,252	1,087	1,504			
2009	9,768	−12	−47	−119	4,332	790	1,540	295	123	362
	7,810	−28	−28	−131	3,859	859	1,381			
2010	9,118	32	−11	−53	3,948	686	1,497	332	123	407
	7,326	9	−9	−64	3,536	756	1,326			
2011	8,695	37	4	−114	3,792	608	1,385	289	123	354
	6,943	13	5	−98	3,365	704	1,230			
2012	8,313	−27	−37	−37	3,559	535	1,335	231	123	283
	6,681	−28	−16	−16	3,178	633	1,205			
2013	8,136	−75	−93	−243	3,250	472	1,092	299	199	595
	6,512	−71	−125	−245	2,885	584	959			
2014	（上場廃止に伴い，財務数値は不明）							134	398	533

注１）有利子負債額は，長期借入金，短期借入金，社債，転換社債，リース債務の合計。
有利子負債額が，2007年度以降「連結＜単体」となる年度がみられるが，これは連結上消去されるグループ取引のためである。

注２）株価は2014年度（12月末上場廃止時点）を除き各年度末時点，またダイエー株式は2002年度に1/2に，2005年度には1/10に併合していることから，株価の時系列比較を可能にするため，2002～2004年度は実際の株価の10倍にて，2001年度以前は20倍にて計算している（その後，ダイエー株式は2014年度に１株を２株に分割された）。
また時価総額は，（年度末の実際の株価）×（発行済普通株式数）にて算出している。

（出所：ダイエー財務データ―SPEEDA―及び野村証券時系列株価データ）

（付属資料２） ダイエー経営再建関連　年表

ダイエー決算年度	連結業績（億円） 売上高	経常利益	既存店売上高前年比（%）	主要事項 ※１：枠内は年度末の経営陣―主に副社長以上 ※２：資産売却に関する記述の（　）内は売却額	開　店	閉　店	社会・金融等の動向
1988 （昭和63年）	19,397	255	—	４月●学校法人中内学園　流通科学大学開学 ５月●日本ドリーム観光へ経営参加 ９月●新神戸オリエンタルシティC３ オープン 11月●プロ野球球団南海ホークスを買収し，福岡ダイエーホークスが発足 １月●ダイエーグループ基本方針発表会にてEDLPを基本方針とすることを発表 ●中内㓛社長の長男・中内潤が代表取締役副社長に就任 代表取締役会長兼社長　中内㓛 代表取締役副会長　河島博 代表取締役副社長　中内潤	５月　Ｄマート秩父店*（Ｄマート） ６月　成増店 10月　エキゾチックタウン津田沼店 11月　いちかわコルトンプラザ店 堅田店，泉店	６月　灘店	３月●青函トンネル開業 ９月●ソウルオリンピック １月●昭和天皇崩御，元号が「平成」に
1989 （平成元年）	21,929	303	—	３月●ローソンとサンチェーンが合併し，ダイエーコンビニエンスシステムズ発足	３月　ファッションデポ吹田店*（サカエ） トポス鳴門店*（ハトヤ）		

				8月●福岡ツインドーム構想を発表 代表取締役会長兼社長 中内功 代表取締役副会長 河島博 代表取締役副社長 中内潤	11月 ハイパーマート釧路店 （北海道ダイエー） 西神中央店 鳥取駅南店		●消費税の新規導入（3％） 6月●中国で天安門事件 11月●ベルリンの壁崩壊 12月●米ソ・マルタ会談にて東西冷戦終結 ●日経平均株価最高値
1990 （平成2年）	22,837	320	—	9月●消費者志向優良企業として，ダイエーが通商産業大臣（当時）表彰を受ける 12月●中内功社長 経済団体連合会（当時）の副会長に就任 代表取締役会長兼社長 中内功 代表取締役副会長 河島博 代表取締役副社長 中内潤	3月 出屋敷店 4月 ハイパーマート二見店 6月 新浦安店 9月 岐阜店* （岐阜ダイエー）	3月 三和店 4月 プランタン三宮店	3月●大蔵省（当時）が，金融機関に対し不動産融資の総量規制を実施 10月●ドイツ統一 1月●湾岸戦争
1991 （平成3年）	25,011	333	101.0	3月●ダイエーが北海道ダイエーと合併 4月●福岡ドーム建設開始	4月 横須賀店 南茨木店 6月 栄町店 7月 グルメシティ長田店		4月●牛肉・オレンジ輸入自由化

ダイエー決算年度	連結業績（億円）		既存店売上高前年比（%）	主要事項 ※1：枠内は年度末の経営陣―主に副社長以上 ※2：資産売却に関する記述の（　）内は売却額	開　店	閉　店	社会・金融等の動向
	売上高	経常利益					
1991 （平成3年）	25,011	333	101.0	2月●連結売上高2.5兆円突破 代表取締役会長兼社長　中内㓛 代表取締役副会長　河島博 代表取締役副社長　中内潤	9月　酒田店* （酒田ダイエー） 新居浜店* （南海百貨店） ショッパーズ高知店* （ショッパーズプラザコーチ） メイトピア店* （メイトピア） 富雄店* （関西ユニード） 11月　ハイパーマート三田店 （業態転換） ハイパーマート富山店 （タイヨー，業態転換） 千葉ニュータウン店		12月●ソ連解体 ●日本トイザらス1号店開店 1月●地価税導入 （1998年以降適用停止）
1992 （平成4年）	25,151	322	97.1	3月●忠実屋株式を公開買い付けにて取得し，業務提携	4月　ハイパーマート北広島店 藤原台店 Tナンカイ店* （南海百貨店） トポス八尾店* （サカエ）		3月●土地公示価格が17年振りに下落

				代表取締役会長兼社長　中内㓛 代表取締役副会長　河島博 代表取締役副社長　中内潤	9月　水沢店* （ヤマニ三春屋） 一関店* （ヤマニ三春屋） 10月　Kou's 神戸ハーバーランド店 11月　ハイパーマート西岡店 2月　ハイパーマート瀬戸店		7月●バルセロナオリンピック ●山形新幹線開業
1993 （平成5年）	26,537	286	98.3	3月●リッカー再建計画完了 ●日本ドリーム観光と合併 4月●福岡ドーム開業 11月●中内㓛社長 勲一等瑞宝章を受章 1月●味の素と食品分野で包括提携 2月●マルコーへの経営支援を表明	3月　ハイパーマート西脇店 （ダイエーふうしゃ） 4月　ハイパーマート北柏店 Ｄマート阿久和店 10月　ハイパーマート上磯店 11月　ハイパーマート坂出店 中津川店* （エコー中津川）	3月　GSオリエンタルホテルスカイレストラン店 10月　札幌店 1月　宝塚店 2月　ザップ店	5月●Ｊリーグ開幕 6月●皇太子徳仁さま，小和田雅子さま　結婚の儀 7月●北海道南西沖地震 8月●自民党が野党転落，細川内閣発足 11月●欧州連合条約発効，EU発足 1月●北米自由貿易協定（NAFTA）発効 2月●リレハンメルオリンピック

ダイエー決算年度	連結業績(億円)		既存店売上高前年比(%)	主要事項 ※1：枠内は年度末の経営陣―主に副社長以上 ※2：資産売却に関する記述の（　）内は売却額	開　店	閉　店	社会・金融等の動向
	売上高	経常利益					
1993 （平成5年）	26,537	286	98.3	代表取締役会長兼社長　中内㓛 代表取締役副会長　河島博 代表取締役副社長　中内潤		注） GSオリエンタルホテルスカイレストラン店は，1988年3月にオリエンタルホテルによって出店された。但し，閉店時までにダイエーに直営化された可能性があるため記載した。	
1994 （平成6年）	32,239	76	100.7	3月●ダイエー，忠実屋，ユニードダイエー，ダイナハの4社が合併，連結売上高が3兆円を超える ●取締役副社長に忠実屋社長の谷島茂之が就任 ●「50-10-3」のスローガンを掲げる（物価50%引き下げ，10%の単品シェア，3%の経常利益率） ●松下電器製品の販売を再開 9月●ダイエーファイナンス，朝日トラベルエージェンシー，リッカーの3社が合併し，ダイエーオーエムシーが発足	3月　川口店 バンドール川口店 4月　Dマート岩槻店 5月　ハイパーマート岡崎店 6月　ハイパーマート松本店 笹丘店 7月　Kou's大阪南港店 9月　泉大津店 10月　金沢八景店*（ショッパーズプランタン横浜）	5月　イタリアーノ西神店 10月　高崎店	6月●史上初の1ドル100円割れ 9月●関西国際空港開港

					11月 ハイパーマート星置店 （JR北海道ダイエー） ハイパーマート東貝塚店 ハイパーマート泡瀬店	11月 トポス郡山店 レストランエキゾチックタウン店	11月●「ウィンドウズ95」日本語版発売 12月●ソニーが「プレイステーション」発売
				1月●阪神・淡路大震災 罹災（商品・建物・設備等に約500億円の罹災損失が発生） ●中内社長が震災対応のため経団連副会長，日本チェーンストア協会会長を辞職 2月●震災からの「復興３か年計画」を策定（赤字店の閉鎖，正社員5,000名のグループ会社出向，パートタイム社員の勤務時間短縮等） ●輸入ビールの在庫過多による１缶100円での見切り販売 代表取締役会長兼社長 中内㓛 代表取締役副会長 河島博 代表取締役副社長 中内潤 取締役副社長 谷島茂之	注） 当年度に鳴子店をハイパーマートに業態展開したが，改装後の開店月は不明。	1月 小阪店，三宮第一店 トポス東山店 オフプライス館さんのみや店 さんのみや男館 電器館パレックス店 2月 南大沢店，北与野店 日向店，大牟田店 直方店，熊本駅前店 健軍店，トポス佐賀店	1月●阪神・淡路大震災 ●世界貿易機関（WTO）設立
1995 （平成７年）	31,570	373	94.2	5月●シーホークホテル＆リゾーツ（福岡）開業 7月●新浦安オリエンタルホテル開業	3月 前橋店*（上毛シルク） 4月 ハイパーマート丸亀南店 グルメシティ新神戸店 三宮駅前店* （プランタン神戸） 5月 ハイパーマート酒々井店 6月 ハイパーマート南長崎店 ハイパーマート蕨店	8月 トポス鳴門店 秦野店，深江店	3月●地下鉄サリン事件 7月●PL法（製造物責任法）施行

ダイエー決算年度	連結業績（億円）		既存店売上高前年比（%）	主要事項 ※1：枠内は年度末の経営陣―主に副社長以上 ※2：資産売却に関する記述の（　）内は売却額	開　店	閉　店	社会・金融等の動向
	売上高	経常利益					
1995 （平成7年）	31,570	373	94.2	10月●中国初出店の大栄天津商場店が開店 1月●339店で元日営業を実施 2月●組織改正しカンパニー制を導入，中内潤副社長がCOOに就任 代表取締役会長兼社長　中内㓛 代表取締役副会長　河島博 代表取締役副社長　中内潤 取締役副社長　谷島茂之	9月　熊本下通店 甲子園店* （プランタンデパート甲子園） 10月　ハイパーマートいわき店 11月　ハイパーマート石橋店 ハイパーマート彦根店 ハイパーマート延岡店 グルメシティ六甲道駅前店 倉吉サンピア店* （ショッパーズトーホー） 12月　Kou's厚木店	11月　池田店	
				4月●社員5,000～6,000人を子会社等に出向	3月　ハイパーマート鹿児島谷山店 トポス静岡店* （シヅオカヤ） 4月　メガバンドールキャナルシティ店		4月●三菱銀行と東京銀行が合併し，東京三菱銀行が発足

					旭川近文店		社の破綻処理のため6,850億円の公的資金投入を決定
1996 （平成８年）	31,461	102	92.7	12月●味の素副会長の鳥羽董が顧問に就任 ２月●ヤオハンの16店舗を買収 代表取締役会長兼社長　中内㓛 代表取締役副会長　河島博 代表取締役副社長　中内潤 取締役副社長　谷島茂之	６月　ハイパーマート岩出店 ハイパーマート千鳥店 ９月　荒尾店* （荒尾アピロス） 新発田店* （ニューカネダイ） 11月　ハイパーマート滝川店 Kou's品川店 滝川店 注） 当年度は中国天津市にも２店舗を開店した。	８月　福間店	８月●スターバックスコーヒー日本１号店開店
1997 （平成９年）	31,633	−98	96.7		３月　d's home shop 南港ACT店 ４月　桂南店 ５月　Ｄマート高浜店* （セイフー）		３月●秋田新幹線開業 ４月●消費税率５％へ引き上げ ●金融機関への金融商品に関わる時価評価会計制度導入 ６月●企業会計審議会により，1999年４月以降の事業年度からの①連結重視のディスクロジャーへの転換と②連結範囲への実質支配力基準の適用が定められる

ダイエー決算年度	連結業績(億円)		既存店売上高前年比(%)	主要事項 ※1：枠内は年度末の経営陣―主に副社長以上 ※2：資産売却に関する記述の（ ）内は売却額	開　店	閉　店	社会・金融等の動向
	売上高	経常利益					
1997 （平成9年）	31,633	−98	96.7	12月●神戸セントラル開発を商号変更し，持株会社のダイエーホールディングコーポレーション（DHC）を設立 1月●中内潤副社長をリーダーとする「構造改善委員会」が発足 ●「脱GMS構想」を検討 2月●単体・連結とも経常赤字に転落 ●「ダイエーグループ3か年計画」を公表 （店舗閉鎖も含め，ダイエー単体の営業改善を目指す） 代表取締役会長兼社長　中内㓛 代表取締役副社長　中内潤 取締役副社長　谷島茂之	9月　プラザ大島* （プラザ大島） 11月　ハイパーマート多治見店 ハイパーマート西条店 屋島店 バンドール屋島店 宝塚中山店 1月　グルメシティ 諏訪インター店	1月　筑後店 2月　Dマート小山店 市原店，大川店 佐賀店，諫早店	7月●香港が中国に返還 9月●ヤオハンが会社更生法の適用を申請 10月●長野新幹線開業（東京ー長野間） 11月●三洋証券が経営破綻 ●北海道拓殖銀行が経営破綻 ●山一証券が自主廃業 2月●長野オリンピック ●金融安定化2法（金融機能安定化緊急措置法，改正預金保険法）が成立し，金融庁が自己資本比率の基準を下回った銀行に対し業務改善命令（→クレジットクランチ）
				3月●陸上部を休部	3月　ハイパーマート東広島店 Dマート足利店	3月　相模原駅前店	3月●都市銀行，長期信用銀行，信託銀行，地方銀行21行に公的資金投入 （2兆円規模）

					を売却（885億円）	グルメシティHAT神戸店	上大岡店, 中津川店 豊橋店	
1998 （平成10年）	自 主 再 建	30,320	111	94.4	5月●鳥羽董が代表取締役副社長に就任 ●藤原台店でディスカウント戦略強化に向けた店舗オペレーション実験を実施 10月●バレーボール部の運営をグループ企業のDCC（ダイエーコミュニケーションズ）に移管	10月 ハイパーマート長野若里店	6月 花畑店, 春木店 山口店, 友泉亭店 東郷店, 宮田店 7月 水沢店 8月 白石店 9月 Kou's品川店 11月 丸亀店, 久留米店 Dマート我孫子店 Dマート高浜店 トポス羽村店 トポス安城店 トポス久米田店 トポス鳥取店 12月 草加店, 南林間店 水島店, 松山店	10月●金融再生法, 金融機能早期健全化措置法が成立 ●日本長期信用銀行が経営破綻, 特別公的管理に 12月●日本債権信用銀行が経営破綻, 特別公的管理に ●独占禁止法の改正, 金融持株会社関連法の成立等により金融持株会社の設置が可能に

ダイエー決算年度		連結業績(億円) 売上高	経常利益	既存店売上高前年比(%)	主要事項 ※1：枠内は年度末の経営陣―主に副社長以上 ※2：資産売却に関する記述の（　）内は売却額	開　店	閉　店	社会・金融等の動向
1998 (平成10年)	自主再建	30,320	111	94.4	1月●2期連続の業績下方修正により，中内功社長が代表取締役会長専任に鳥羽董副社長が代表取締役社長に就任 代表取締役会長　中内功 代表取締役社長　鳥羽董 代表取締役副社長　中内潤		1月　有田店，トポス上尾店 トポス八尾店 池田アゴラ店 Dランド加古川店	1月●EU単一通貨「ユーロ」導入 ●企業会計審議会により，2000年4月以降の会計年度からの金融商品への時価会計制度の適用が定められる 2月●長野冬季オリンピック開催 ●NTTドコモがi-モードのサービス開始
1999 (平成11年)	自主再建	28,471	−332	96.3	3月●「ダイエーグループ再生3か年計画」を公表(有利子負債1兆円の削減，ハイパーマートも店舗閉鎖の対象に) ●中内潤副社長が退任（DHC社長へ） 4月●ほっかほっか亭を売却（83億円） 5月●副社長の谷島茂之が退任 ●アラモアナ・ショッピングセンターを売却（923億円） 7月●創業以来初の希望退職募集（800名） 8月●ハイパーマートをダイエーハイパーマートとして別会社化 ●初の希望退職に802人が応募	3月　Kou's金城埠頭店 ハイパーマート甲南店 4月　Kou'sネーブルカデナ店 ハイパーマート鹿屋店 5月　ハイパーマート須惠店 名古屋東店 6月　ハイパーマート東郷店 鹿児島中央店	5月　前橋店，飯能店 高岡店 新居浜店 グルメシティ原山台店 Tナンカイ店 6月　トポス八木店 トポス姫路駅前店 8月　小倉店	3月●大手銀行15行への公的資金投入が承認（7.5兆円規模） ●日産とルノーが資本提携

					勝 優勝セール実施 10月●福岡ダイエーホークス初の日本シリーズ制覇 優勝セール実施 11月●代表取締役副社長に佐々木博茂が就任 1月●リクルート株式の25%をリクルートに売却（1,000億円） ●ローソン株式の20%を三菱商事に売却（1,690億円） ●ローソン株式の10%を主力4行他に売却（計845億円） 2月●経費削減のため，本社機能を成増店に移転 代表取締役会長　中内功 代表取締役社長　鳥羽董 代表取締役副社長　佐々木博茂	岸通店 10月　東戸塚店 11月　グルメシティ横山店	10月　トポス川口店 11月　ハイパーマート松本店 トポス甲府店 1月　グルメシティ寒川店 トポス富士吉田店 貝塚店，久留米東店 香椎駅前店，大分店 2月　愛川店	12月●山形新幹線開業（山形ー新庄間） 2月●長崎屋が会社更生法の適用を申請
2000 （平成12年）	自主再建	29,141	10	91.8	3月●連結決算への実質支配力基準の適用により，連結企業数が110社から約200社へと拡大（連結有利子負債が2兆5,000億円に） ●代表取締役副社長にマルエツ社長の川一男が就任 4月●「ダイエーグループ新再生3か年計画」公表（有利子負債の削減計画と本業回帰，600億円を投じ，全店で店舗改装）	3月　マリナタウン店 泉佐野店 富士吉田店* （東海ダイエー） 沼津店* （東海ダイエー） 4月　南行徳店 グルメシティ小束山店 5月　バンドール ドリームタウン店* （ハーフアンドトップ）		6月●大店立地法施行

ダイエー決算年度		連結業績（億円）売上高	連結業績（億円）経常利益	既存店売上高前年比(%)	主要事項 ※１：枠内は年度末の経営陣―主に副社長以上 ※２：資産売却に関する記述の（　）内は売却額	開　店	閉　店	社会・金融等の動向
2000 （平成12年）	自主再建	29,141	10	91.8	7月●ローソンを上場（1,840億円を調達） ●バレーボールの「オレンジアタッカーズ」を久光製薬に移管 8月●中堅社員を組織化し，率直に経営課題の抽出と対策の検討を実施 ●食品スーパーへの転換，過度のディスカウント中止等を含む「フェニックス・プラン」策定 9月●福岡ダイエーホークスがリーグ優勝（２連覇） 優勝セール実施 10月●インサイダー取引疑惑にて，鳥羽社長・川副社長が退任，中内㓛会長が取締役最高顧問に ●佐々木博茂副社長が社長代行に就任 ●髙木邦夫が社長含みで顧問に就任 11月●「ダイエーグループ修正再生３か年計画」公表（新体制の告知，赤字店閉鎖，人員削減等と金融支援の要請） ●マルエツ株式8.4%を丸紅に売却（35億円） 12月●連結債務超過回避のため，主力銀行との間で1,200億円の優先株発行，5,000億円の融資枠の設定が決定	9月　グルメシティ今津店 11月　千葉長沼店 武蔵村山店	9月　ハイパーマート旭川近文店 ハイパーマート岩出店 ハイパーマート坂出店 ハイパーマート千鳥店 バンドール川口店 10月　ハイパーマート延岡店 手稲店 Ｄマート秩父店 トポス高槻店 12月　長野店 カテプリなんば店	7月●金融庁発足 ●九州・沖縄サミット開催 ●そごうが民事再生法の適用を申請 9月●シドニーオリンピック開催 ●第一勧業銀行，富士銀行，日本興業銀行がみずほホールディングスを設立 11月●「アマゾン」がインターネット通販を開始

					に髙木邦夫が就任，同副社長に佐々木博茂と平山敞が就任 ●中内㓛が取締役を退任し，ファウンダーに ●三和銀行から清野真司が取締役に就任。同時に，住友銀行の林正志が経営企画本部副本部長に，富士銀行の鎌形敬史と東海銀行の西崎俊男がグループ事業改革本部副本部長に就任 2月●ローソン株式を三菱商事に追加売却（360億円） ●ダイエー単体の売上高が２兆円を下回り，セブン-イレブンが小売業売上高１位に 代表取締役会長　雨貝二郎 代表取締役社長　髙木邦夫 代表取締役副社長　平山敞 代表取締役副社長　佐々木博茂		トポス徳山店 トポス黒崎店 バンドール屋島店 2月　木更津店 Ｄマート木更津店 鳥取駅南店 ハイパーマート富山店 ハイパーマート瀬戸店	
2001 （平成13年）	銀行主導の再建	24,989	15	89.5	3月●CVC（カテゴリーバリューセンター）への店舗改装を開始（年度内に48店舗） ●カスタマーサービス推進本部を設置し，顧客サービスの改善を推進 ●マルエツ株式10.0%を丸紅に売却（40億円） ●金融商品への時価評価会計制度を導入		3月　清田店	3月●ユニバーサル・スタジオ・ジャパンが大阪にオープン

ダイエー決算年度		連結業績（億円）		既存店売上高前年比（%）	主要事項 ※1：枠内は年度末の経営陣―主に副社長以上 ※2：資産売却に関する記述の（　）内は売却額	開　店	閉　店	社会・金融等の動向
		売上高	経常利益					
2001（平成13年）	銀行主導の再建	24,989	15	89.5	7月●ダイエー情報システムを売却（15億円） 8月●店内店舗の「PAS」に対し，不正競争防止法に基づきユニクロが仮処分の申し立て ●ローソン株式をUSBウォーバーグ証券に売却（585億円） ●ローソンが株式売却により関係会社から外れる ●高島屋の株式を市場売却（108億円） ●プランタン銀座株式を売却（70億円）		4月　グルメシティ新発田店 ハイパーマート東貝塚店 5月　千葉店 トポス静岡店 境東店 グルメシティみのお店 7月　Kou's金城埠頭店 8月　大和田店 メガバンドールキャナルシティ店	4月●住友銀行とさくら銀行が合併，三井住友銀行が発足 ●三和銀行・東海銀行・東洋信託銀行が株式移転により，UFJホールディングスを発足 ●東京三菱銀行と三菱信託銀行，日本信託銀行が株式移転により三菱東京フィナンシャルグループを発足

ダイエー		店舗		社会	
[illegible]	[illegible]	[illegible]	[illegible]	[illegible]	●[illegible]発生 ●マイカルが民事再生法の適用を申請 ●東京ディズニーシーがオープン
10月	●近畿食品スーパー３社が合併（サカエ，丸栄商事，ミドリ） ●横浜ドリームランドを売却（88億円）			11月	●マイカルが民事再生法の手続きを中止し，会社更生法の適用を申請 ●JR東日本が「Suica」の運用を開始
12月	●ダイエーの株価が60円に下落 ●経済産業省がダイエーに対して産業再生法の活用を促す ●オレンジページを売却（85億円） ●ダイエーロジスティクスシステム（コンビニエンスストア部門）を売却（50億円）	12月	バンドールドリームランド店		
1月	●「ダイエーグループ新３か年計画」公表（カテゴリーバリューセンターの推進など） ●マルコーを売却（150億円） ●エー・エス・エス（警備業）を売却（35億円） ●ダイエー銀座ビルを売却（64億円） ●リッカー会館を売却（96億円）	1月	姫路店	1月	●EU単一通貨「ユーロ」流通開始 ●三和銀行と東海銀行が合併し，UFJ銀行が発足

ダイエー決算年度		連結業績（億円）		既存店売上高前年比(%)	主要事項 ※1：枠内は年度末の経営陣―主に副社長以上 ※2：資産売却に関する記述の（　）内は売却額	開　店	閉　店	社会・金融等の動向
		売上高	経常利益					
2001（平成13年）	銀行主導の再建	24,989	15	89.5	2月●「ダイエーグループ新3か年計画(修正案)」公表 ●主力銀行が債権放棄，再建の株式化，優先株の減資等で4,200億円を支援 ●雨貝，平山，佐々木が代表権を返上，平山，佐々木が専務に降格 ●ダイエー・オリンピック・スポーツクラブを売却（35億円） ●ラス・コーポレーション（人材派遣業）を売却（21億円） ［枠内］取締役会長　雨貝二郎 代表取締役社長　髙木邦夫 専務取締役　平山敞 専務取締役　佐々木博茂		2月　ハイパーマート星置店 バンドール中間店	
2002（平成14年）	銀行主導の再建	21,975	128	99.0	3月●希望退職実施 （6月実施分と合わせ1,110名応募） 4月●産業活力再生特別措置法認定 ●イチケン（建設業）株式を一部売却（4億円） 5月●主力銀行から派遣された取締役が3名に増員（UFJ：清野真司，みずほ：木原幹雄，三井住友：小川博幸）		3月　トポス高辻店 4月　Dマート南行徳店 エキゾチックタウン 津田沼店 岐阜店 5月　ハイパーマート石橋店 ハイパーマート東郷店 ハイパーマート須恵店 ハイパーマート鹿屋店 一関店，筑波学園店 千葉ニュータウン店 Dマート稲毛海岸店	3月●西友が米ウォルマートとの業務・資本提携を発表 4月●第一勧業銀行，富士銀行，日本興業銀行の3行が，みずほ銀行，みずほコーポレート銀行に統合・再編 5月●FIFAワールドカップ日韓大会 ●日本経団連が発足

6月●1,115億円の無償減資・株式併合を実施 7月●キャプテン・クック（給食業）を売却（１億円） 8月●主力３行による金融支援手続完了（債務株式化2,300億円，債務免除1,700億円等） ●ハイパーマートとKou'sからの撤退を発表		[illegible]店，狭山店 坂戸店，行田店 久喜店，富士吉田店 西大和店，南茨木店 倉敷店，甘木店 伊万里店 グルメシティ小笹店 6月 ハイパーマート西条店 Ｄマート花北店 8月 ハイパーマート釧路店 ハイパーマート北広島店 ハイパーマート西岡店 ハイパーマート酒々井店 ハイパーマート多治見店 ハイパーマート彦根店 ハイパーマート岡崎店 ハイパーマート二見店 ハイパーマート西脇店 ハイパーマート東広島店 ハイパーマート丸亀南店 ハイパーマート泡瀬店 Kou's厚木店 Kou's大阪南港店 Kou'sポートアイランド店 Kou'sネーブルカデナ店 グルメシティ芦屋店 グルメシティ門司店 秋田店，鶴岡店 橋本店，清水店 糸満店	9月●小泉首相訪朝（拉致被害者５名帰国） ●銀行全体で不良債権額が最大に（43.2兆円）

ダイエー決算年度		連結業績（億円）		既存店売上高前年比（%）	主要事項 ※1：枠内は年度末の経営陣―主に副社長以上 ※2：資産売却に関する記述の（　）内は売却額	開　店	閉　店	社会・金融等の動向
		売上高	経常利益					
2002 （平成14年）	銀行主導の再建	21,975	128	99.0	9月●社長の髙木が営業統括を兼務 ●ダイエーとマルエツ，ダイエー・オーエムシーとの3社統合，ダイエーとマルエツとの2社統合を検討 ●ダイエー・オーエムシーがオーエムシー・カードに社名変更 12月●ウェンディーズを売却（46億円） ●ビッグボーイを売却（87億円） ●ハブ（パブレストラン）を売却（10億円） 2月●ディー・ハイパーマートとダイエーホールセールクラブ(Kou's)を清算 ●新浦安オリエンタルホテル等4ホテルを売却（500億円） ●エックスワン(通販)を売却(10億円) ●丸専（運送業）を売却（5億円） ●ダイエーを上回り，イオン（単体）がスーパー業態で売上高第1位に		11月　三国店 12月　熊谷店 加古川パークタウン店 1月　蕨店 Dマート金岡店	10月●「金融再生プログラム」と「改革加速のための総合対策案」発表 12月●日本総研，三井住友カード，三井住友銀行により，三井住友フィナンシャルグループが発足 ●米ウォルマートが西友に33.4%を出資 1月●産業再生機構法が成立 ●みずほ銀行，みずほアセット信託銀行により，みずほフィナンシャルグループが発足

					（前頁より続く）代表取締役社長 髙木邦夫 専務取締役 平山敞 専務取締役 佐々木博茂			
2003 （平成15年）	銀行主導の再建	19,936	315	100.0	3月●マルエツ社長の吉野平八郎を招聘 ●UFJ銀行の清野真司が常務取締役に昇格 ●食品強化に向けた施策実施（地域性の重視，店舗オペレーションの改善など） ●営業時間の延長を開始（26店舗で24時間営業，104店舗で23時まで営業） 5月●吉野平八郎が代表取締役副会長に，丸紅畜産の遠藤隆夫が専務取締役に就任 ●専務取締役の平山敞が退任 6月●ローソン株式を市場売却（180億円） 9月●福岡ダイエーホークスがリーグ優勝 優勝セールを実施 10月●福岡ダイエーホークスが日本シリーズ優勝 優勝セールを実施 1月●総合家電事業からの撤退を公表 2月●新神戸オリエンタルホテルを売却（125億円） 取締役会長 雨貝二郎 取締役副会長 吉野平八郎 代表取締役社長 髙木邦夫 専務取締役 遠藤隆夫	4月グルメシティ リバーウォーク店 11月グルメシティ新長田店	3月 グルメシティ芦屋陽光店 11月 西神戸店 1月 くずは店	3月●イラク戦争勃発 ●りそな銀行発足 5月●産業再生機構が業務を開始 ●個人情報保護法成立（2005年4月施行） 2月●「フェイスブック」開設

ダイエー決算年度		連結業績（億円）		既存店売上高前年比（%）	主要事項 ※1：枠内は年度末の経営陣―主に副社長以上 ※2：資産売却に関する記述の（　）内は売却額	開　店	閉　店	社会・金融等の動向
		売上高	経常利益					
2004 （平成16年）	銀行主導の再建	18,338	73	92.0	3月●営業改善に向け，小型家電の取り扱い，店内に100円ショップの展開等を開始 ●UFJ銀行の清野真司が専務取締役に就任 ●福岡ドーム，ホテルシーホーク等の福岡事業を売却（720億円） 5月●雨貝二郎が取締役会長を退任 ●遠藤隆夫が専務取締役を退任 ●吉野平八郎が取締役会長に就任 ●三井住友銀行の小川博幸とみずほ銀行の木原幹雄が常務取締役に昇格，UFJ銀行から伊東孝之が取締役に就任 10月●産業再生機構の活用を決定し，支援申し入れ ●髙木社長が代表取締役社長を辞任 ●代表取締役社長に蓮見敏男が就任 12月●産業再生機構による支援決定 ●事業再生計画を公表 （小売事業改革，グループ事業再編，財務リストラクチャリング等）	6月グルメシティ豊中駅前店	5月　ららポート(イースト)店 8月　中もず店 トポス柳川店 d's home shop南港ACT店	8月●アテネオリンピック 10月●新潟県中越地震

					●福岡ダイエーホークスを売却(50億円) ２月●フォルクスを売却（23億円） 取締役会長　吉野平八郎 代表取締役社長　蓮見敏男 専務取締役　清野真司			２月●中部国際空港が開港
2005 （平成17年）	産業再生機構から丸紅主導	16,751	243	96.0	３月●支援企業が丸紅（10.9％出資）とアドバンテッジパートナーズ（23.4％出資）に決定 ●「ダイエーグループ事業計画」公表（食品スーパーへの転換，債権放棄，減資，債務の株式化，第三者割当増資等） ●全取締役が退任し，取締役経営企画本部長の高橋義昭が代表取締役社長代行に就任 ４月●ミッション策定のために全従業員対象（５万人）のアンケート実施 ●55ステーション(DPE)が会社更生法申請 ５月●林文子が代表取締役会長兼CEOに，樋口泰行が同社長兼COOに就任 ●産業再生機構がダイエーに33.4％を出資 1,190億円の無償減資・普通株式の10株を１株へ併合 ●管理職(約200名)を対象に，希望退職を募集 ●リクルート株式を農林中金他に売却(550億円) ６月●全国店長会議の復活（月１回） ●生鮮食品鮮度向上チーム発足 ７月●店舗改造プロジェクト発足	４月　グルメシティくずはモール店		３月●愛知万博開催 ４月●ペイオフ本格実施 ●個人情報保護法全面施行 ６月●会社法成立（2006年５月施行） ●クールビズ開始

ダイエー決算年度		連結業績（億円）売上高	経常利益	既存店売上高前年比（%）	主要事項 ※1：枠内は年度末の経営陣―主に副社長以上 ※2：資産売却に関する記述の（　）内は売却額	開　店	閉　店	社会・金融等の動向
2005（平成17年）	産業再生機構から丸紅主導	16,751	243	96.0	8月●商品在庫の評価損計上 ●役員合宿の実施 ●ローソン株式を市場売却（38億円） 9月●創業者の中内㓛が死去 ●CFSコーポレーションと提携 ●千里中央店（改装モデル店）改装 10月●新グループミッション，新ロゴデザイン発表 ●惣菜の品質向上プロジェクト発足 ●取引先からのリベートの縮小 11月●新生ダイエー誕生記念セール実施 ●丸井から人材の受け入れ ●既存店売上高前年比のトレンドが上昇 ●一般職（約1,100名）を対象に希望退職を募集 ●ドリームパークを売却（10億円）		8月　酒田店，長岡店 香里店，明石店 荒尾店，佐世保店 グルメシティ諏訪インター店 グルメシティ六甲道駅前店 9月　旭川店，泉店 大和高田店 10月　弘前店，水戸店 金沢店，栄店 上新庄店，垂水店 出屋敷店 倉吉サンピア店，福山店 トポス千林店 グルメシティ渕上店 野間大池店，原店 香椎店 11月　ハイパーマート北柏店 ハイパーマート長野若里店 苫小牧店，新潟店 盛岡店，山形店 いわき店，津田沼店 Dマート足利店 五香店 川口店，鶴ヶ島店 西葛西店，北野店	10月●東京三菱銀行とUFJ銀行が合併し，三菱UFJフィナンシャルグループが発足

					12月●総合トレーニングセンター開設（北野田） ●神戸らんぷ亭を売却（17億円） ●新歌舞伎座を売却（160億円） 1月●ファーストリテイリングと提携 ●ローソン株式を市場売却（37億円） 2月●ダイエーUSAを売却（33億円） ●那覇ミートを売却（21億円） 代表取締役会長兼CEO　林文子 代表取締役社長兼COO　樋口泰行	12月 foodium(フーディアム）三軒茶屋店	岡山店，広島店 広島駅前店，屋島店 徳島店，南松山店 六ツ門店，南長崎店 スポーツワールド33店 ハーバーランド店 ショッパーズ高知店 那覇店，浦添店	12月●米ウォルマートが西友へ追加出資し（計53%），西友を子会社化 2月●トリノオリンピック
2006 （平成18年）	産業再生機構から丸紅主導	12,839	373	98.0	3月●食品PBの「おいしく食べたい」発売 ●ダイエースペースクリエイト（店舗催事会社）を設立し，本体から出向社員を受け入れ ●マルエツへの商品供給を停止 ●55ステーション（DPE）を減資・債権放棄によってプラザクリエイトの子会社化 6月●PBの「セービング」リニューアル発売 ●西神オリエンタルホテルを売却（不明） ●朝日ビルマネジメントサービスを売却（不明）		6月　ダイエーナウ芝公園店	3月●2006年3月期より減損会計が強制適用 6月●金融商品取引法制定

ダイエー決算年度		連結業績（億円）		既存店売上高前年比（%）	主要事項 ※1：枠内は年度末の経営陣—主に副社長以上 ※2：資産売却に関する記述の（　）内は売却額	開　店	閉　店	社会・金融等の動向
		売上高	経常利益					
2006（平成18年）	産業再生機構から丸紅主導	12,839	373	98.0	8月●産業再生機構の2007年3月解散が決定 ●産業再生機構保有分（33.4%）のダイエー株式の丸紅への売却（698億円）が発表 （丸紅が計44.3%を保有） ●社長の樋口泰行が退任を表明 ●リクルート株式をアドバンテッジパートナーズに売却（82億円） ●大栄商事（保険業）を売却（不明） 9月●パンドラ（パチンコ業）を売却（不明） ●富士デイリーフーズを売却（不明） ●六甲牛乳を売却（不明） 10月●丸紅がイオンを事業パートナーに選定 ●業態戦略で「総合スーパー」回帰を打ち出す ●社長の樋口泰行が退任 ●丸紅の西見徹が代表取締役社長に ●山﨑康司が常務取締役に就任 ●朝日青果を売却（不明） 11月●三井住友銀行など4行が産業再生機構によるダイエー向け債権（1,500億円）の貸し替えに合意，産業再生機構によるダイエー支援が終了へ ●丸紅・イオン・ダイエー3社による業務提携検討委員会が発足 12月●アドバンテッジ・パートナーズ（AP）がダイエー株式の半数（11.7%）をリーマン・ブラザーズ証券に売却 1月●不動産物件（30件）を流動化（875億	12月　グルメシティ蘇我ハーバーシティ店	9月　沼津店 11月　ファッションデポ吹田店 12月　Dマート幸手店 1月　トポス野毛店	

					（不明） ●デイリートップ東日本（食品業） （不明） 代表取締役会長　林文子 代表取締役社長　西見徹			
2007 （平成19年）	産業再生機構から丸紅主導	11,960	86	98.0	3月●イオン・ダイエー・丸紅の資本提携 ●マルエツ株式をイオンに売却（165億円）（イオンがダイエーに15.1%，マルエツに21.3%を出資，イオンと丸紅が相互に株式持ち合い） ●イオンがダイエーに取締役２名，監査役１名を派遣 5月●イオン取締役の川戸義晴が取締役会長に，山下昭典が常務取締役に就任，林文子が取締役副会長に ●「ダイエーグループ新中期経営計画」公表（食品スーパー化から脱し，衣食住全般にわたるマーチャンダイジングの推進） 7月●ダイエーオーエムシー株式を三井住友銀行に売却（748億円） 8月●イオンが「イオン商品調達」，「イオントップバリュ」，「イオングローバルSCM」各社を稼働 9月●マルエツ株式をイオンに売却（92億円） ●マルエツ株式12.1%の追加取得によって，イオンがマルエツの筆頭株主に（計33.4%）	3月　グルメシティ小倉足立店 4月　グルメシティ尼崎大庄店 7月　グルメシティ港北みなも店 ダイエーグルメシティ中もず店 9月　グルメシティ千葉中央店	7月　朝日ヶ丘店	3月●産業再生機構が予定より１年前倒しで解散 6月●米国で初代「i-phone」発売

ダイエー決算年度		連結業績（億円）売上高	連結業績（億円）経常利益	既存店売上高前年比（%）	主要事項 ※1：枠内は年度末の経営陣―主に副社長以上 ※2：資産売却に関する記述の（　）内は売却額	開　店	閉　店	社会・金融等の動向
2007（平成19年）	産業再生機構から丸紅主導	11,960	86	98.0	11月●イオンの2008年度中の持株会社への移行を発表 ●イオンのPB「トップバリュ」のダイエーへの導入開始，ダイエーの「セービング」の2008年度中の廃止を決定 2月●イオンがダイエー株式を市場で追加取得し，ダイエー株の保有比率を19.9%に 取締役会長　川戸義晴 取締役副会長　林文子 代表取締役社長　西見徹		1月　グルメシティ下北沢店 2月　住道店	10月●日本郵政グループ発足（郵政民営化）
2008（平成20年）	丸紅・イオンの2頭体制からイオン単独の再建	10,409	26	100.0	3月●林文子が取締役副会長を退任 5月●川戸義晴が代表取締役会長に，イオンから川本敏雄が常務取締役（販売担当）に就任 8月●イオンが純粋持株会社に移行 ●ダイエーがマルエツ株4.1%を取引先3社に売却し，マルエツとの資本関係を解消	3月　グルメシティ住道店 グルメシティ浦和道場店 4月　foodium多摩センター店 5月　foodium武蔵小杉店	4月　グルメシティ蘇我ハーバーシティ店 トポス鶴見店 7月　都城店	4月●米ウォルマートが西友を完全子会社化し，西友を上場廃止 7月●日本で「i-phone」発売 8月●北京オリンピック

年	体制	売上高	純損益	指数	主な出来事	出店	閉店	社会の動き
					●川戸が全店の「ライフプラン」の策定を開始 代表取締役会長 川戸義晴 代表取締役社長 西見徹	12月 都城駅前店	1月 グルメシティ箱崎店 2月 徳力店	ズが経営破綻 ●リーマン・ショック発生 10月●日経平均株価がバブル経済崩壊後の最安値（6,994円） 11月●丸紅が相鉄ローゼンと提携
2009 （平成21年）	丸紅・イオン２頭体制からイオン単独の再建	9,768	−47	95.0	3月●ダイエーがNB，PBともイオンを通じた商品供給を拡大，丸紅も生鮮食品を中心にダイエーへの商品供給を拡大 4月●2009年度からの３年間で約20店舗の追加店舗閉鎖を決定 7月●イオンがダイエー，マルエツに生産食品の統一管理システムを導入 9月●グルメシティ北海道，グルメシティ九州を本体に吸収合併 代表取締役会長 川戸義晴 代表取締役社長 西見徹	3月 グルメシティ博多祇園店 札幌円山店 4月 吉塚店 注） 上記以外に，グルメシティ北海道・同九州の19店舗を合併にて一体化。	4月 グルメシティ松原店 10月 グルメシティ八幡店 1月 檜原店，大沼店 2月 グルメシティ横山店 トポス尼崎店	8月●衆院選で民主党が勝利し，政権交代 1月●日本航空が会社更生法の適用を申請
2010 （平成22年）		9,118	−11	97.0	3月●社長の西見徹が退任，会長の川戸が社長を兼務		3月 御殿場店，古川橋店	

ダイエー決算年度		連結業績（億円）		既存店売上高前年比（%）	主要事項 ※1：枠内は年度末の経営陣―主に副社長以上 ※2：資産売却に関する記述の（　）内は売却額	開　店	閉　店	社会・金融等の動向
		売上高	経常利益					
2010（平成22年）	丸紅・イオン2頭体制からイオン単独の再建	9,118	−11	97.0	4月●丸紅副社長の桑原道夫が社長代行執行役員に就任 ●アドバンテッジパートナーズ(AP)が保有ダイエー株（11.7%）をドイツ証券に売却 5月●桑原道夫が代表取締役社長に就任 ●「ダイエーグループ中期経営計画」公表（光り輝くダイエーの復活を掲げ，損益分岐点の引き下げを優先課題に） ［代表取締役会長　川戸義晴 代表取締役社長　桑原道夫 取締役専務執行役員　山﨑康司 山下昭典］		7月　赤羽店 8月　藤沢店，富田店 柏原店 9月　下関店 10月　グルメシティ大崎店 11月　グルメシティ篠栗店 12月　グルメシティ岩内店 1月　草加店，春日店	
2011（平成23年）	丸紅・イオンの2頭体制から	8,695	4	98.0	4月●SSM（スーパー・スーパーマーケット）へと業態戦略を転換		5月　グルメシティ津久井店 8月　グルメシティ上野原店	3月●東日本大震災 ●福島第一原発事故 ●九州新幹線開業 7月●サッカー女子W杯で日本初優勝

	…ン単独の再建				導入 10月●SSMのモデル店としてダイエー藤沢店を開店 ●グルメシティ店舗にはEDLP政策を導入 11月●紳士服専門店「ロベルト」を吸収合併 代表取締役会長　川戸義晴 代表取締役社長　桑原道夫 取締役専務執行役員　山﨑康司 山下昭典	foodium下北沢店 10月　藤沢店	11月　グルメシティ大土居店 1月　グルメシティ庄内店	
2012 （平成24年）	丸紅・イオン２頭体制からイオン単独の再建	8,313	−37	96.4	3月●衣料品と生活用品の商品本部を統合 4月●男性向けカジュアル衣料の「ナディス」導入 6月●食品PBの「おいしく食べたい！」でシニア向けPB商品の展開開始 ●ディスカウント業態の「ビッグエー」の拡大方針を発表（2016年度までに250店体制に） 代表取締役会長　川戸義晴 代表取締役社長　桑原道夫 取締役専務執行役員　山﨑康司 山下昭典	3月　赤羽店 （イオンフードスタイル） 4月　津久井店 草加店 9月　南浦和東口店	3月　別府店 5月　東大和店 6月　グルメシティリバーウォーク店 8月　グルメシティ山の手店 グルメシティ水無瀬店 9月　平塚店，金山店 グルメシティ豊中店 2月　阿久和店	5月●東京スカイツリー開業 7月●東京電力が実質国営化 12月●自民党・公明党の連立政権が復活
2013 （平成25年）		8,136	−93	99.7	3月●イオンがダイエーの子会社化方針とダイエー株のTOB実施を公表		3月　グルメシティ町田店	

ダイエー決算年度		連結業績（億円）		既存店売上高前年比（%）	主要事項 ※1：枠内は年度末の経営陣―主に副社長以上 ※2：資産売却に関する記述の（　）内は売却額	開　店	閉　店	社会・金融等の動向
		売上高	経常利益					
2013（平成25年）	丸紅・イオン2頭体制からイオン単独の再建	8,136	−93	99.7	4月●イオン専務執行役の村井正平が社長含みで顧問に就任 ●子会社の「OPA」が梅田オーパ（テナントビル）開設 5月●会長の川戸と社長の桑原が退任 ●イオンリテール会長の村井正平が代表取締役社長に，イオン取締役の近澤靖英が取締役専務執行役員に就任 ●イオンが開発した専門店業態のダイエーへの導入，イオンとの機能連携強化の取り組み開始 ●「ビッグエー」は300店体制に拡大方針 8月●イオンによるダイエー株のTOB成立，ダイエー株の44.2%を保有しダイエーを子会社化 ［代表取締役社長　村井正平 取締役専務執行役員 山下昭典，近澤靖英，山﨑康司］	4月　グルメシティ庄内店 6月　グルメシティ水無瀬店 9月　相武台店	5月　藤森店 6月　古賀店 7月　志木店，鳴子店 和歌山店 9月　グルメシティ富岡店 1月　グルメシティ叶谷店 グルメシティ品川八潮店 2月　立川店	12月●特定秘密保護法成立 2月●ソチオリンピック
2014（平成26年）		—	—	—	4月●「3か年中期経営計画」公表（店舗の改装投資，惣菜強化，営業時間延長等） ●PBは「トップバリュ」に統一する方針を発表			4月●消費税率8%へ引き上げ

				[illegible] 関東が共同持株会社を設立し，イオンが70%，丸紅が30%を出資 ●イオンがダイエーを食品スーパーの中核会社として，関西・関東に集中的に店舗配置する方針を公表 ●山﨑康司が取締役専務執行役員を退任 山下昭典が取締役専務執行役員を退任		5月 熊本下通店 グルメシティ泉佐野店	
					7月 金山店		
				9月●イオンが株式交換方式によってダイエーを2015年1月に完全子会社化し，12月にて上場廃止することを公表			
					10月 新浦安駅前店		
				11月●臨時株主総会にてイオンの子会社化を承認			
				12月●ダイエー株式の取引停止（終値134円）			
						1月 グルメシティ鴨宮店 2月 八王子店	
				代表取締役社長 村井正平 取締役専務執行役員 近澤靖英			

注） 開店・閉店の記載については，以下の点に留意されたい。
(1) 開店店舗には，ダイエー単体における新規開店店舗とグループ企業からの営業譲受に伴う直営化店舗の双方を含む。
(2) 店舗名のあとに「*」のあるものは，（ ）内に記載のグループ企業からの営業譲受（直営化）店舗。この場合の年月は，ダイエーに直営化された年月を示す。
(3) ハイパーマートと Kou's に関しては，単体・グループ企業双方による出店を含む。店名後の（ ）内は，出店主体となったグループ企業を示す。
(4) グルメシティ六甲道駅前店（1995年11月開店）は，ダイエー編（2007）では1988年の開店となっているが（株）イタリアーノによる出店），同店が阪神・淡路大震災により罹災したため，跡地にダイエーが直営店舗を出店したものである。したがって，1995年11月を開店時期とした。
(5) 閉店は，ダイエーの直営店舗分のみを記載している。

（出所：流通科学大学中内資料館編（2003），ダイエー編（2007），「ダイエーニュースリリース」，『日本経済新聞』各号，『日経MJ（日経流通新聞）』各号など）

[事項索引]

●さ行

●た行

●な行

●は行

●ま行

●や行

●ら行

●わ行

[組織名索引]

●た行

●な行

●は行

●ま行

●や行

●ら行

■著者紹介

高橋　義昭（たかはし　よしあき）

1978年　関西大学経済学部卒業後，㈱ダイエー入社，店舗勤務を経て本社にて予算管理・経営企画等の業務に携わる
2004年　同社取締役経営企画本部長
2005年３月　同社代表取締役社長代行
2005年５月　同社取締役財務経理・総務人事担当
2009年　同社常務取締役人事・人材開発，総務・法務担当
2010年５月　同社取締役退任
その後，外資系企業勤務を経て，経営コンサルタント業を開業，上場企業の社外取締役を兼職
現在，フロンティア・マネジメント㈱取締役経営管理部長（現任）

森山　一郎（もりやま　いちろう）

1983年　早稲田大学第一文学部卒業後，ダイエー入社，店舗勤務を経て本社にて経営企画・事業企画等の業務に携わる
1992年　慶應義塾大学大学院経営管理研究科修士課程修了（修士―経営学）
1995年　ダイエー退社，その後，外資系企業に勤務
2005年　千葉商科大学大学院政策研究科博士課程単位取得満期退学
2008年　同大学院より博士（政策研究）学位を取得
　　　　浜松大学 ビジネスデザイン学部 准教授
2014年　静岡文化芸術大学 文化政策学部 准教授
2016年　同教授（現任）

主要業績

『１からの流通システム』（共著），中央経済社，2018年
『やさしく学べる経営学』（共著），創成社，2018年
「ダイエーにおける牛肉事業の展開プロセスとその意義―垂直統合が競争優位をもたらす要因―」『流通研究』日本商業学会，18巻２号，2016年
『消費変質―エディターシップ時代の到来』（共著），同文舘出版，2015年　など

ダイエーの経営再建プロセス

2020年3月15日　第1版第1刷発行

著　者　高　橋　義　昭
　　　　森　山　一　郎
発行者　山　本　　　継
発行所　㈱中央経済社
発売元　㈱中央経済グループパブリッシング

〒101-0051　東京都千代田区神田神保町1-31-2
電　話　03（3293）3371（編集代表）
03（3293）3381（営業代表）
http://www.chuokeizai.co.jp/
印刷／㈱堀内印刷所
製本／㈲井上製本所

＊頁の「欠落」や「順序違い」などがありましたらお取り替えいたしますので発売元までご送付ください。（送料小社負担）

ISBN 978-4-502-33611-9　C3034